Lutz Finkeldey

Gefangen in eigener Zeit und sozialer Herkunft

Zwischen subjektiver Interpretation der »Welt« und gesellschaftlichem Fortschreiten

Lehr- und Lernmaterialien für Studium und Beruf der Sozialen Arbeit und Soziologie

Internationalismus Verlag

Bibliografische Information der Deutschen Nationalbibliothek
Die Deutsche Nationalbibliothek verzeichnet diese Publikation in der Deutschen Nationalbibliografie; detaillierte bibliografische Daten sind im Internet über http://dnb.d-nb.de abrufbar.

Internationalismus Verlag, Hannover 2010
Layout: Liliensatz Hannover (Ronald Voullié)
ISBN 978-3-922218-06-7

Auflage 200

verlag@internationalismus.de

Inhaltsverzeichnis

Abbildung 1

Vorwort

»Vielfalt« ist seit Jahren in gesellschaftlichen Debatten zu einer Art von Zauberwort geworden. »Vielfalt ist gut«, transportiert die globalisierte Welt. Vielfalt kann aber auch zum Gegenteil werden, wenn Vielfalt um »Differenz« beraubt wird. Vielfalt in einem positiven sozialen Diskurs bedeutet, Anderes nicht nur zu billigen, sondern vor allem als Gemeinsames zu akzeptieren. Das »Andere« hat dieselbe Existenzberechtigung wie das »Eigene«. Beide bilden Teile in einem gemeinsamen Beziehungsprozess. Im gesellschaftlichen Zusammenwirken wird das an Generationenbeziehungen sehr schön deutlich, indem wir fragen, welche Generation, mit welchen Eigenschaften und warum dominant ist oder nicht. Generationen, die in sich wiederum strukturell, sozialräumlich, und milieuspezifisch ausdifferenziert gehören, sind untrennbar mit dem Begriff »(Lebens-) Alter« verbunden. Sind deshalb aber alle Alterskohorten auch tatsächlich an Entscheidungen beteiligt und bilden Nachhaltigkeit und Sozialverträglichkeit aus dem Heute heraus auch Freiheitsspielräume für morgen? Das heißt, wir sind, wenn wir uns ernsthaft mit Generationenbeziehungen im gesellschaftlichen Zusammenwirken befassen sowohl auf der Horizontalen (was geschieht heute) als auch auf der Vertikalen (was war gestern, was wird morgen sein) unterwegs. Wenn wir das Heute und Morgen gestalten wollen, brauchen wir die Geschichte, doch müssen zugleich damit leben, dass die geschichtliche Erkenntnis allein zum Fortschreiben von Gesellschaft nicht reicht. So bedeutet beispielsweise der Wechsel von der Schreibmaschine zum Computer weit mehr, als eine neue Technik eingeführt zu haben. Viele Fragen, die sich heute um Computer ranken, waren bei dessen massenhafter Einführung vor rund 20 bis 25 Jahren noch vollkommen unbekannt. Dennoch ist der Computer heute für jüngere Menschen so selbstverständlich, dass es »ohne« gar nicht mehr geht. Das hat nicht nur Konsequenzen für das Generationenverhältnis, sondern für gesellschaftliche Verhältnisse in Gegenwart und Zukunft überhaupt.

Abbildung 2

Wer aber weiß, was passieren wird? Wussten die Menschen um die Jahrhundertwende vom 19. zum 20. Jahrhundert, dass 1914 und 1939 Weltkriege begännen? Kriege waren wahrscheinlich, aber deren Zeitpunkt, Intensität oder Ausdehnung waren nicht zu wissen. Es war schon immer der Traum der modernen Gesellschaften, Zukunft als berechenbar zu betrachten. Für wessen und welchen Preis?

Helmut Schelsky, einer der großen deutschen Soziologen nach dem 2. Weltkrieg, veröffentlichte 1963 das Buch »Die skeptische Generation«. Er schrieb, dass es den Jugendlichen nicht gebe. Im Vorwort reflektiert er, dass er weder Verallgemeinerungen noch fallgeschichtliche Verengungen anstrebe. Es gelte die »mittlere Allgemeinheit« (Hegel) zu bestimmen. (s. Schelsky 1963, 5) Neben wissenschaftlichen Grundlagenwerken auf der einen gibt es populär formulierte Zustandsbeschreibungen auf der anderen Seite. Hierzu sei ein Gedankensprung zu Florian Illies' »Generation Golf« (Illies 2000) vorgenommen. Illies beschreibt mit gewandter Feder einen Ausschnitt des gesellschaftlichen Phänomens »Golf«. Um mich Schelskys zu bedienen betreibt Illies die »fallgeschichtliche Verengung«; eine Nabelschau als »Inspektion« (Illies).

Mit diesem Buch soll keine statistische Analyse oder auch keine populistische Fallbeschreibung geliefert werden. Inhalt ist eine soziologische Spurensuche zu dem Vergangenen und Gegenwärtigen sowie zu alltäglichen, politischen, wirtschaftlichen und wissenschaftlichen Zukunftsvorstellungen und deren Substanz in Bezug auf soziale Differenzierung und Generationenverhältnisse. In der Gegenwart des alltäglich Politischen gibt es offensichtlich die »Generation Zukunft« oder den »Plan Zukunft« ... zumindest gebärden sich viele »Prophetenzünfte« in dieser Weise. Durch ein Entblättern »zweifelhafter Zukunft« wird »Zukunft« zu einer realen Größe: Szenische Näherungen auf dem Rücken des Gewesenen lassen sich mit aller gebotenen Vorsicht entwerfen, doch tatsächlich Wissen können wir herzlich wenig. »Zeitmaschinen« gehören nach wie vor der Rubrik »science fiction« an. Die »große Politik« gebärdet sich aber so manches Mal als »sehende Zukunftsmaschinerie«. Insofern begebe ich mich auf eine soziologische Reise, die sich zwischen der Suche nach Vielfalt oder Differenz und Einfalt mit Nicht-Wissen-Wollen bewegt. Sind wir gefangen in eigener Zeit und sozialer Herkunft oder gibt es ein gemeinsames Ganzes?

Wenn wir gewusst hätten – Einleitung

… dass Entscheidungen in der Vergangenheit solche Zukunftsauswirkungen gehabt hätten, dann hätten wir vielleicht doch etwas Anderes gemacht. Rückwirkend betrachtet mag die Spezies »Mensch« – also wir – weiser wirken. Dennoch wiederholen wir Dinge, die wir eigentlich besser wissen sollten. Wir leben, als ob spätere Generationen die Welt immer wieder neu erfinden könnten, als ob die derzeit Lebenden sich immer nur in ihrem So-Sein reproduzierten und das Neue bekannt sei. Wir beschränken uns mit Gebrauchsanweisungen für etwas, was wir gar nicht kennen. Wir verengen aller Wahrscheinlichkeit nach mit unserem derzeitigen Handeln den Spielraum für zukünftige Generationen: Kriege, Umweltverschmutzung, Technologien mit unkalkulierbaren Risiken, produzieren aberwitzige Schuldenberge und gesellschaftliche Ungerechtigkeit, schaffen diffuse Angstpotentiale über Katastrophen, Kriege. Sind die einzigen Konstanten heute Beliebigkeit und Flüchtigkeit? Alte Menschen sehen in jungen das Problem, junge in alten, reiche bei den armen, arme bei den reichen, gebildete bei den ungebildeten, ungebildete bei den gebildeten.

Abbildung 3

Solche Situationen bezeichnet der Volksmund als »Hornberger Schießen«, denn das Eigentliche, was es auch immer sein mag, ist konturenlos. Dennoch aber scheinen wir die Zeichen der Zeit nicht zu verstehen und tun so, als ob alles beherrschbar sei, begreifen kaum, dass ein Fortschreiten neue Herausforderungen bedeutet, die bekannten Interpretationen zuwiderlaufen.

Diese Ausführungen stoßen sicherlich auch auf Widerspruch: Einerseits interpretieren Menschen schon immer Geschichte äußerst unterschiedlich, andererseits leben viele von uns mit Privilegien, die sie als »natürlich« betrachten. Diesen beiden Gedanken gehört zunächst kurz die Aufmerksamkeit.

Warum interpretieren wir Geschichte äußerst unterschiedlich?

Der Literat Lion Feuchtwanger schreibt in »Das Haus der Desdemona oder Größe und Grenzen der historischen Dichtung«, dass die Triebkraft des Dichters immer das eigene innere Erlebnis sei. So sei auch die Wahl des Stoffes ein mehr oder minder Zufälliges, die aus einer gelegentlichen Bemerkung eines Gesprächspartners, aus einer Zufallslektüre kommen könne, doch man müsse sich hüten, diese Anlässe zu überschätzen. (s. Feuchtwanger 1986, 153) Wenn wir diesem Gedanken folgen wollen, wofür einiges spricht, so können wir festhalten, dass auch die alltägliche Interpretation aus der eigenen Zeit für Menschen mit unterschiedlicher sozialer Herkunft viel Zufälliges aufweist. Wir neigen aufgrund von Erlebnissen, die uns gerade beschäftigen, zu Interpretationen, die morgen schon wieder anders konfiguriert sein können, weil eben neue Ereignisse, Erlebnisse oder nur Aspekte hinzugekommen sind. Auch sind Erlebnisse von jungen Menschen gegenüber älteren »anders«, weil ihre ureigene Erlebnis- und Ereignisgeschichte einen differenten Zeitraum und damit Zeitbegriff umschließt. Das beeinflusst Interpretationen, weil selbst erlebte Geschichte andere Interpretationen hervorbringt als erzählte, ton-, filmisch oder internetbasierte nahe gebrachte oder angelesene. Auch spielt innerhalb einer Generation der geographische Ort eine große Rolle: Wie habe ich es erlebt, wie hat es mich betroffen?

Ein weiterer Gedanke Feuchtwangers kann ebenfalls zur Erhellung von individueller Interpretation beitragen: Er habe sich in seinen historischen Romanen immer bemüht, das Bild seiner Wirklichkeit bis ins kleinste Detail treu wiederzugeben, aber sich niemals darum gekümmert, ob seine Darstellung der historischen Fakten exakt sei. Er veränderte gar die historisch genau bekannte aktenmäßige Wirklichkeit, wenn sie illusionszerstörend wirkte: Fakten könnten sich nun nicht behaupten gegen gutgefügte, glaubhafte, das Gemüt anrührende, lebendige, lebenfördernde Dichtungen. (s. Jaretzky 1984, 94)

Was Feuchtwanger reflektiert und daher gezielt einsetzt, passiert bei den meisten Menschen unbewusst, denn sie begeben sich nicht auf die Suche nach den Gründen und nach dem Schlüssel für ihre Interpretation. Sehen diese aber dennoch als wahr an.

Abbildung 4

Aber selbst der Geschichtswissenschaft weist Feuchtwanger mit dem Historiker Theodor Mommsen keine objektive Position zu, denn die Phantasie sei so aller Poesie so auch aller Historie Mutter (s. Jaretzky 1984, 18). Auch der Politiker bekommt bei Feuchtwanger »sein Fett weg«, denn er müsse seine Wahrheit statt mit einer anständigen Lüge immerzu mit der Dummheit der Massen versetzen (s. Jaretzky 1984, 98).

Was bleibt? Gibt es keine Objektivität? Die gibt es in der Tat nicht, denn dazu ist die »Welt« viel zu unübersichtlich, unerklärbar und in der Folge sehr subjektiv gefärbt. Wir brauchen als Menschen (Vor-) Urteile, um uns zu orientieren. Wir können »die Welt« nicht komplett begreifen, doch wir können uns um »Wahrheit« bemühen. Auch mit meiner Einleitung lege ich (Vor-) Urteile meines Denkens dar, die allerdings im reflexiven Sinn notwendig sind, um darauf konstruieren zu können. Ohne Urteile gibt es kein ichbezogenes Denken, kein Denken überhaupt. Selbst in der abstraktesten Wissenschaft spielt immer das schreibende Subjekt eine Rolle. Auch wenn es nicht benannt wird, »lebt« es zumindest zwischen den Zeilen. Erkenntnis kann nie unabhängig von Menschen sein. Oft glauben Menschen, dass etwas objektiv sei, weil andere Menschen auch so denken oder handeln. Objektivität aber ist nur ein Kunstbegriff; er kommt in der Realität nicht in Reinform vor. In dem Abschnitt »Einschub: Wissenschaftlichkeit im beschleunigten Diskurs« gehe ich näher darauf ein.

Wenn nach Feuchtwanger Geschichtswissenschaftler und Politiker »ihre subjektive Geschichte« von sich geben, so bleibt die Frage, ob denn eine soziologische Annäherungen zu eigener Zeit und sozialer Herkunft darüber hinauskommt? Eine erste Antwort steckt implizit in dem bisher Geschriebenen: Wenn sich WissenschaftlerInnen um transparentes Vorgehen kümmern, möglichst wenig oder keine impliziten Werturteile als objektive Tatsachen ausgeben, also die Werte oder Grundlagen darlegen und benennen, um darauf zu »konstruieren« dann geht nicht nur die Soziologie – sondern ebenso die Geschichtswissenschaft oder Politik – über Subjektives hinaus.

Nun gilt es noch die zweite aufgeworfene Frage in aller Kürze zu beantworten: Warum betrachten wir unsere Privilegien als »natürlich«?

Der Mensch interpretiert im Alltagsleben – wie schon angedeutet – die Geschichte über eigene Erfahrungen, denen in der Regel subjektive Maßverhältnisse zugrunde liegen. Identität bildet sich in der Sozialisation über Gemeinsames und Fremdes heraus, formt sich bis zum Lebensende weiter über Gleiches und Ungleiches. Ohne gesellschaftliche Verhältnisse finden keine Sozialisations- und Identitätsprozesse statt. Gesellschaft ist in unseren Breiten nichts Statisches, sondern etwas sich Wandelndes, dass in jüngster Zeit an enormer Beschleunigung gewonnen hat.

Abbildung 5

Vergleiche von Generation zu Generation, also etwa im Abstand von 30 Jahren, gibt es kaum mehr. Soziale, kulturelle und technische Handlungs- und Wissensbestände haben in sehr vielen gesellschaftlichen Bereichen nunmehr eine Halbwertzeit von sechs Monaten bis zu fünf Jahren. Aufgrund dieser Kurzlebigkeit gibt es bisher nahezu unbekannte Verschiebungen von Maßverhältnissen. Hatten wir in unseren Breiten vor rund 50 Jahren noch recht stabile vergleichbare – und in weiten

Teilen noch tradierte – gesellschaftliche (Klassen-) Lagen, so ist heute an deren Stelle ein Zwang zur Aushandlung individueller Werte getreten, der auf aushandelbaren Äquivalenten basiert. Insofern können wir über Milieuspezifika nicht mehr 1:1 voraussetzen, dass unser Nachbar sich ebenso verhält, sondern vielleicht besser oder schlechter die »Fleischtröge« erschließen kann. Konkurrenz, Missgunst oder Neid bekommen eine andere Note, weil Nachbarn besser oder schlechter wegkommen als »man« selbst. Je weniger tatsächlich vergleichbare Privilegien existieren, umso entscheidender werden sie. Insofern kann beispielsweise ein Kampf um die Rente nur ein Kampf um eigene Privilegien sein. Politiker müssen mehr behaupten, obwohl zukünftige Aussagen mit jedem Tag, der hinzukommt, an Kaffeesatzleserei gewinnen.

Platt formuliert: Die alltägliche Auseinandersetzung um Gerechtigkeit ist inhaltlich eine Farce. Aus soziologischer Sicht handelt es sich eher um einen kaschierten Kampf zur Erhaltung eigener Privilegien.

Doch der Kampf, ob verdeckt oder offen, beherrscht heute nicht nur die Diskussion um die »Zukunft«, sondern ist in der Alltäglichkeit deren Motor. Diese Spur soll mit dieser Publikation zwar verfolgt, doch genauso verlassen werden, indem weitere Spuren aufgenommen werden, um einer eindimensionalen Diskussion um das Thema nicht noch mehr Stoff zu liefern. Was mich dabei jedoch nur am Rande interessiert, ist etwa die Frage um die Finanzierbarkeit der Renten, Krankenkassen oder insgesamt des Sozialsystems. Diese Fragen greifen zu kurz, denn sie unterstellen Generationenverhältnisse, indem sie das Heutige fahrlässig hochrechnen und Zonen des »Nicht-Wissen-Könnens« schlicht ignorieren. Das ist wider besseren Wissens grob fahrlässig. Machbarkeit soll suggeriert werden. Nur wenn auch ethische Grundlagen wie auch Risiken gesellschaftlicher Entwicklung und menschlichen Verhaltens herangezogen werden, kann einigermaßen plausibel gedacht werden. Es ist und wäre gelogen, zu behaupten, Zukunft nahezu oder gar en detail bestimmen zu können. Das geht nicht (mehr). Dieses werde ich u.a. mit Variablen zur Sozialisationsforschung (Grundmann 2006), zur Milieuforschung (Vester et al 2001), zur Individualisierungstheorie (Beck 2007), zur Identitätsforschung (Keupp et al 2006), zur Theorie des Sozialen Raums (Bourdieu et al 1999), zur Beschleunigungstheorie

(Rosa 2005) sowie zur pädagogischen Forschung (Hentig 2002) exemplarisch angehen und verdeutlichen.

Zuvor unternehme ich eine Vertiefung des Vertrauten und Fremden bezogen auf Vergangenes, Gegenwärtiges und Zukünftiges als Schlüssel zur Interpretation, um aus dem bis dahin Geschriebenen einen ersten inhaltlichen Abriss zum Erkennen und Verstehen zu subjektiver Interpretation und gesellschaftlichem Fortschreiten zu entwickeln.

Statistische Bevölkerungsentwicklung findet in den folgenden Abschnitt Eingang. Neben eher klassischen Bevölkerungsprognosen geht es vor allem um deren tatsächlichen Aussagewert. Wenn menschliche Erkenntnisprozesse aufgrund der absoluten Zunahme von Wissensbeständen und der beschleunigten Ausweitung von Nicht-Wissen-Können latent bis weniger wissensbasiert ausfallen, dann muss dies auch Konsequenzen für Forschungsprozesse haben. Das ist Gegenstand von »Einschub: Wissenschaftlichkeit im beschleunigten Diskurs«. Die Spurensuche zu einem anderen Generationenverständnis folgt mit den oben erwähnten Variablen zu Vielfalt oder Differenz. Der darauf folgende Schritt umschließt einerseits eine Art Zwischenzusammenfassung des bis dahin Geschriebenen und andererseits eine Grundlage für weitere Überlegungen.

Die aus den soziologischen, sozialpsychologischen und pädagogischen Variablen herausgefilterten Argumente finden für eine andere inhaltliche Bestimmung von Generationenbeziehungen Eingang in das Kapitel »Philosophische, psychologische, soziologische und politische Stolpersteine für gelingende Vielfalt und Differenz«. Gegenstand für die erweiterte Analyse sind Fragen um den Generationenwechsel als Denkfigur, um Kritik an ExpertInnenherrschaft, zu Politischem und Sozialem als Kriterium für Veränderung auf der Basis subjektiver Betroffenheit und zu Wirksamkeit von Herrschaft in Form symbolischer Zeichen. Eine »Neuvermessung von Zeitlichem und Sozialem – Fazit« bildet mit »Informative Bausteine zu Vielfalt und Differenz in Generationenbeziehungen« den Abschluss des Hauptteils. «Kreatives Tohuwabohu – ›Generation‹ – Schluss« schließt die Inhaltsanalyse dieses Buches ab. Eine »Didaktisch-methodische Umsetzung von ›Gefangen in eigener Zeit und sozialer Herkunft‹« folgt als kombiniertes E-Learning-Präsenzmodul für den sozialen Bereich in Studium, Praxis und Weiterbildung. Exemplarisch ist ein kombiniertes E-Learning-Präsenzmodul aus einem Masterstudiengang für Soziale Arbeit dargelegt, das auf dem Geschriebenen aufbaut.

Eine eindeutige Antwort als konkrete Handlungsanleitung zu Generationenbeziehungen gibt es nicht, kann es nicht geben, weil Zukunft viele noch nicht zu benennende Unbekannte aufweist. Wissen bedeutet zu verstehen, dass viele Zukunftsfragen nicht beantwortet werden können, weil noch nicht bekannte »Größen« hinzukommen werden. Geschichte als Lernen für die Zukunft verliert immer mehr konkrete Anhaltspunkte, obwohl dennoch aus ihr viel gelernt werden kann und muss. Ethisch basiertes Modelldenken müsste an die Stelle von linearem Fortsetzungsdenken treten. Ein Gedanke zur Rentenversicherung soll diesen Gedanken illustrieren: Die staatliche Rentenversicherung basiert auf einem Rechenmodell, das Einzahler und deren zu erwartende Lebensdauer heranzieht. Individuell hoffen die Einzahler, dass sie möglichst mehr herausbekommen als sie eingezahlt haben. Wenn das bei allen tatsächlich der Fall wäre … Solidarität ist der Begriff der die staatlich organisierte Rentenversicherung aufrecht hält, die schon bei der Einführung offensichtlich »Macken« aufwies. Ich habe gehört, dass bereits Adenauer, zu seiner Zeit als Bundeskanzler darauf hingewiesen worden sein solle, dass die Rentenberechnung auf Dauer nicht haltbar sei. Seine Antwort solle gelautet haben, dass er dann schon lange tot sei. Adenauer, wenn denn dieser Gedanke stimmt, war sehr zukunftsträchtig. Heute lamentieren viele Gutverdienende damit, dass die Zwangsrentenversicherung Ihnen individuelle Profite verwehre, weil sie das Geld nicht selbst anlegen könnten. Die Riester-Rente ist der Versuch einer neuen individualisierten Antwort, die sich sicherlich als ebenso wenig zukunftsträchtig erweisen wird, weil sie ebenfalls Unbekanntes als bekannt verkauft. »Nach mir die Sintflut« lautet die postmoderne Antwort, obwohl die Volksweisheit schon »alt« ist.

Wie verhält es sich demgegenüber mit den eingangs herangezogenen Gedanken Lion Feuchtwangers? Sein Buch »Das Haus der Desdemona oder Größe und Grenzen der historischen Dichtung« erschien erstmalig 1961. Ist es demnach nicht absurd, von Neuem, Anderem im Generationenverhältnis zu schreiben, wenn »alte Quellen« zur Interpretation des Aktuellen herangezogen werden? Dieses Spannungsverhältnis versinnbildlicht die Ambivalenz oder auch das Lernen aus der Geschichte. Es gibt Muster von Interpretationen oder nahezu zeitlosen Wissensbeständen, die eine lange oder ewige Gültigkeit besitzen können, doch dies eher nur in der abstrakten Form ihrer Aussage. Im Falle Feuchtwangers behält das Motiv der »subjektiven Färbung« Gültigkeit, aber in Bezug auf die aktuelle Bedeutsamkeit lediglich im übertragenen Sinn. Die »subjektive Färbung« trifft in anderen gesellschaftlichen Verhältnissen auf eine andere Rahmung, so dass sie als Strukturmoment weiterhin »Wahrheit« transportiert, doch über die aktuelle Eingebundenheit eine neue Interpretation erfährt. Ähnlich verhält es sich mit den Grundmotiven des gesellschaftlichen Seins, die sich über die griechische Mythologie herleiten.

Damit lässt sich ein Spezifikum erklären, das uns allen immer wieder begegnet: »Alles kommt wieder.« »Das kenne ich von früher.« Die Mode steht auch par excellence für diese fixe Idee. Es mag sein, dass sich vieles ähnelt, doch letztlich kommt ein Modezitat und nicht die Mode selbst mit ihrer zeitunabhängigen Eingebundenheit in einen anderen gesellschaftlichen Zusammenhang. Ein Zitat ist nun einmal kein Original mehr. Plastischer: Wenn der Minirock als modisches Accessoire auch immer wiederkehrt, so ist der erste Skandal, den dieses Kleidungsstück hervorrief, wenn überhaupt nur noch von sehr untergeordneter Bedeutung. Die Fragen nach der differenten Zeiteingebundenheit sowie spezifischen kulturellen und individuellen Wahrnehmungsweise um die Erfassung »der Welt« stehen im Zentrum dieses Buches, um die »Generation Zukunft auf die Spur« zu bringen.

Dieses Buch wäre ohne einige mir wichtige Menschen nie zustande gekommen. Viele fast nicht enden wollende Diskussion habe ich mittel- und unmittelbar zum Thema dieses Buches mit meiner Lebensgefährtin Sabine Georg geführt, die die eine oder andere Einschätzung prägten. Meine Söhne Tim und Jasper haben mir durch ihre Argumentationen aus Sicht einer anderen Generation viele wertvolle Hinweise vermittelt. Mein Freund und Kollege Jürgen Ebert sowie die Rundfunkredakteurin Carola Clysters gaben mir wertvolle Einschätzungen während zahlreicher Gespräche. Ebenfalls haben Studierende des Master-Studiengangs der Hochschule für angewandte Wissenschaft und Kunst (HAWK) in Hildesheim während des Seminars »Generationenverhältnis« viele wichtige Impulse geliefert. Ohne die ideelle und materielle Unterstützung durch KollegInnen aus Forschung, Verwaltung und Hochschulleitung »meiner« Hochschule für Angewandte Wissenschaft und Kunst (HAWK) Hildesheim, Holzminden, Göttingen wäre dieses Buch nicht möglich gewesen. Stellvertretend für sie sei Cornelia Roser erwähnt, die nicht nur die technische Umsetzung für das E-Learning-Modul mit nicht enden wollender Geduld und Präzision vornahm, sondern auch inhaltliche Impulse gab. Durch die tatkräftige Unterstützung von Arno Kundlatsch sowie Ronald Voullié vom Internationalismus Verlag konnte dieses Buch überhaupt erst auf den Markt kommen. Auch ihnen gilt ein großer Dank.

Vergangenes, Gegenwärtiges und Zukünftiges als Schlüssel zur Interpretation

Spätestens seitdem nicht nur der »Schiefe Turm von Pisa« im Blickpunkt des Interesses steht, sondern »PISA« eine »Konnotation«, also eine assoziative Begleitvorstellung gewonnen hat, nehmen wir endlich breitenwirksam in Deutschland wahr, dass Lernen und Lernerfolg von sozialen und kulturellen Vorerfahrungen abhängen. Der Abstand zwischen »oben« und »unten« wird nicht nur ökonomisch, sondern vor allem sozial und kulturell immer größer. Vor 40 bis 50 Jahren war das zwischenzeitlich anders, denn das Bildungssystem war offener. Zuvor gab es in der Geschichte größere Unterschiede, folgend auf die »68er-Generation« kleinere, die unterdessen wieder deutlich gewachsen sind. Das Solidarsystem, wenn es denn jemals »voll« funktioniert hat, steht heute endgültig mit seinen Fundamenten auf der Kippe, ist nach offizieller Lesart offensichtlich nicht mehr in alter Höhe finanzierbar, weil wenige Junge viele Alte schultern müssen. Herkunft und Schulbildung, Herkunft und Gesundheitsversorgung, Herkunft und Wohnen … tendieren wieder Richtung ›Spiel nicht mit den Schmuddelkindern, sing' nicht ihre Lieder, geh' doch in die Oberstadt, mach's wie deine Brüder.« (Degenhardt, 1965) Das hat Konsequenzen für den sozialen Status, die gesellschaftliche Position oder – genereller formuliert – für soziale Vererbung. Bei gleicher Qualifikation entscheidet »der Stallgeruch«. So stammten 2007 in der Großen Koalition von CDU/CSU und SPD zehn von sechzehn deutschen BundesministerInnen aus so genannten »höheren Kreisen«, obwohl in deren Jugend noch das Bildungssystem »offen« war und sie sich in der Phase der Bildungseuphorie einen anderen »Geruch« aneignen konnten.

Menschen nehmen nur das wahr, was sie kennen. Sie sehen meist einen Ausschnitt von Alltäglichkeit, ohne in der Situation selbst zu interpretieren, weil verinnerlichte Interpretationsschemata unbewusst ablaufen. Nur »Fremdes« »weckt« das menschliche Alarmsystem. Das Fremde muss erst kategorisiert werden, bevor zum Alltag übergegangen werden kann. Wenn eine Kategorisierung nicht gelingt, bleibt das Wahrnehmungssystem des Menschen irritiert oder verunsichert. Die eigene – subjektiv erfahrene – Erkenntnis bildet den Schlüssel für Interpretation. Die subjektive Erkenntnis ist aber zugleich (teil-) resistent gegenüber »anderer« Erkenntnis. Sie muss es auch in gewisser Hinsicht sein, denn die »Angst vor dem Fremden« hat auch ihren Sinn: Sie ist Teil unseres Sinnesapparates und schützt uns als anthropologische Komponente vor dem »Unbekannten«. Nur ist das Unbekannte keine fixe Größe, sondern gesellschafts-, milieu- und zeitabhängig. Daraus ergibt sich die Frage nach dem Zustand der Gesellschaft. Städte können für Menschen vom Land unwirtlich sein, das Land für Städter monoton. Unterschiedliche menschliche Eingebundenheiten zu einem identischen historischen Zeitpunkt sind dabei sehr zentral.

Ein vorschneller Schluss könnte sein, dass Individuen nur begrenzt in der Lage seien, Anderssein zu verstehen. Ein anderer Schluss könnte sein, dass das der Preis des Fortschritts sei.

Das ist die Ebene der horizontalen Interpretation: Das Heute bildet den Maßstab. Das Heute aber ist weder – wie schon angerissen – eine homogene Erfahrungsgröße noch in seinen Bedingungen geschichtslos.

Damit habe ich das Thema umrissen: Obwohl Menschen in einer Zeit leben, sind ihre zeitgleichen und geschichtlich durchlebten Erfahrungen dermaßen different, dass das durchschnittliche Alltagsverständnis eines Individuums als Schlüssel zur Interpretation »der Welt« versagen muss. Deutlich, aber nicht gerade freundlich formuliert, haben wir es mit einem Fast-Food-Verständnis der Welt zu tun. Menschen haben in Alltagssituationen nicht die Möglichkeit, ein umfassendes

Wissen und Verhalten zu erlangen, sondern tun so »als-ob«. Die Zutaten mögen in ihrer Oberflächlichkeit bekannt sein, doch Herkunft, Zusammenstellung und Wechselwirkung bleiben im Vagen. So verhält es sich heute mit den meisten Antworten.

Wir tragen Kleidung und kennen selten deren exakte Herkunft nebst ihren Herstellungsbedingungen, denn »Made in ...« bedeutet noch lange nicht, dass alle Bestandteile identischer Herkunft sind; sie sind »... in ...« vielleicht zusammengenäht. Kaufargumente sind Ästhetik und Preis. Wir reden über Klimawandel, doch anfangen sollen die Anderen. Wir führen Kriege (Afghanistan, Irak), doch kennen die Nachkriegszeit nicht. In Deutschland entbrennt immer wieder der Streit um die Höhe von Sozialleistungen, wer aber weiß, was ein menschenwürdiges Leben ausmacht? Die Alten sind arm oder reich, die Jungen schlecht oder gut gebildet? Im vorurteilsbeladenen Alltagsverständnis, das wir zur Orientierung in der Welt brauchen, haben wir für alles eine Antwort, die in Regel unseren eigenen Erfahrungen entspricht. Diese Erfahrungen sind wiederum geprägt über »Milieuzugehörigkeit« und den »Zeitpunkt der Aneignung von Welt«, also auch und gerade das Lebensalter mit seiner sozialen Einbindung. Das eigene Leben als vertikale Messlatte.

Versuchen wir aber den Dingen auf den Grund zu gehen, unsere eigenen eingetretenen Interpretationen zu verlassen sind wir zunächst verunsichert, weil uns die »alten« Grenzen fehlen. Viele Menschen geben an diesem Punkt auf, denn »Ich kann ja doch nichts ändern!«, »Lass' das mal die Anderen machen.« Das ist übrigens ein »wunderbares« Herrschaftsmittel, denn so entfernen sich die »Macher« von den »Lassern« immer weiter. Die »Lasser« können über »Die-da-oben« und die »Macher« über die »politisch apathischen Lasser da unten« weiter schimpfen. Nur: Ändern tut sich nichts.

In der Diskussion um Expertenherrschaft aus den 50er bis 70er Jahren des 20. Jahrhundert, ging es darum, Wissenschaften und in deren Folge den gelernten WissenschaftlerInnen Entmündigung statt Ermächtigung (Empowerment) von Menschen nachzuweisen. Sie, die ExpertInnen, täten alles, um Menschen um ihre eigenen Potentiale zu bringen. Den ÄrztInnen wird unterstellt, dass sie das Medizinsystem bewusst verkomplizierten, damit sie ihre Machtposition, ihre Definitionshoheit ausbauen könnten, den ArchitektInnen wird eine für die Selbstbestätigung und –bedienung zu schaffende Bauleitplanung zugewiesen, den SozialpädagogInnen und SozialarbeiterInnen wird vorgehalten, ein System von Betreuung zu schaffen, anstatt die betroffenen Menschen selbst zu befähigen, ihre Probleme zu lösen usw. usf. »Die Entmündigung durch Expertenherrschaft« (Illich) vertieft bewusst und gezielt, ein gesellschaftlichen »Oben« und »Unten«, sie zwingt Menschen ihre innewohnende Logik auf. »Expertenherrschaft« schafft Abhängigkeit, verfügt mit anhängigen Systemprozessen über die eigene Generation hinaus maßgebende und nicht umkehrbare Prozesse. Damalige Entmündigungs-Vor-Denker, wie Ivan Illich, hatten autonome Persönlichkeiten im Kopf, die über ihr Leben vollständig selbst verfügen können sollten: Dezentralisierung der Macht, ausschließliche Akzeptanz von gesellschaftlichen Systemen, die jederzeit revidierbar sein sollten. Das war das Ziel. Ziel war nicht eine komplexe Gesellschaft, die zwar einerseits hohe Freiheitswerte vor sich her trägt, aber gleichzeitig Abhängigkeiten vertieft, die die Gestaltungschance vieler Teile der (Welt-) Bevölkerung außer Acht lässt. Eine Weltgesellschaft, die Gebrauchsanweisungen huldigt, statt Verfügbarkeit über die eigene Lebensgestaltung zu ermöglichen.

Abbildung 6

Fortschritt wird in einem monokausal strukturierten Denken verstanden als ein Fortschreiten im Sinne von »weiter«. In der Logik des ökonomisch beeinflussten Denkens transportiert Fortschritt quantitatives Wachstum. Unsere Wirtschaft wächst aber auch durch Verkehrsunfälle, das Sozialsystem, durch gewalttätige Demonstrationen oder durch Verschmutzungen aller Art. Ich unterstelle den ApologetInnen dieses Wachstums weder, dass Verkehrsunfälle noch das Sozialsystem oder gewalttätige Demonstrationen sowie Umweltverschmutzungen, **das** Bild für Fortschritt seien, doch sie nehmen es billigend in Kauf. Wir sollten folglich deutlicher zwischen »quantitativen« und »qualitativen« Kriterien unterscheiden, während wir gleichzeitig die Überlegung anstellen sollten, welche Positiva oder Negativa bei der Einführung von Neuem entstehen könnten. Was wir heute allerdings machen, ist ein konsequentes »learning by doing«, das wir gleichzeitig vehement nicht wahr haben wollen. Von Kindern erwarten wir, dass sie die Konsequenzen für ihr Handeln mitdenken, obwohl sie ihre Zukunft noch gar nicht kennen können. Geistes- und Sozialwissenschaften, die den »Dingen auf den Grund zu gehen« als einen Kern aufweisen, sind in der heutigen Verfasstheit von Gesellschaft anachronistisch. Sie sind in einer Zeit der rasenden Informationen schlicht zu langsam.

Der Wissenschaft obliegt die Aufgabe, die Grundlagen des Tuns und den sich daraus möglicherweise ergebenden »anderen« Weg zu verdeutlichen, doch von den Hochschulen wird über die Praxis des wirtschaftlichen Geschehens erwartet, Gebrauchsanweisungen zu liefern: »Die Ausbildungen sind zu praxisfern.« »Das Studium dauert zu lange. Das müssen wir durch Bachelor- und Master-Studiengänge ändern.« Können so substantielle Entscheidungen vorbereitet werden? Ein notorischer Entscheidungszwang in der rasenden Gesellschaft gibt den Rhythmus vor. Nachdenken im Sinne von Innehalten ist »out«. Wir verkürzen die Verfügbarkeit von möglichem Wissen auf diese Weise zu eindimensionalem Wissen. Wissenschaftsbasierte Studiengänge als BA-Massenabschluss sind das Ziel, tiefgreifendes wissenschaftliches Denken – polemisch formuliert – stört dabei, obwohl der Zweifel – und nicht ein bedingungsloser Nachvollzug von auswendig erlerntem Wissen – Motor neuer Ideen ist.

Wissenschaft ist »normalerweise« – aber wie ist die Norm zu bestimmen? – etwas, was auf den ersten Blick wenig persönlich erscheint. Die ökonomische Vereinnahmung von Bildung fußt auf Interesse. Auch das Erkenntnisinteresse von ForscherInnen basiert auf zunächst sehr Subjektivem. Von WissenschaftlerInnen erwarte ich jedoch, dass sie ihre Motive offen legen und sich nicht ausschließlich zu AuftragnehmerInnen von Interessen machen lassen. Radrennfahrer als ökonomische Größe und systematisches Doping als Leistung der Wissenschaft konterkarieren beispielsweise die Unabhängigkeit und die Freiheit von Wissenschaft und Kunst. Wissenschaft soll Denken und Handeln nach ethischen Kriterien ermöglichen und die eigene Vermarktung nicht als Hauptmotiv kennen. Die Soziologie als Wissenschaft hat nicht nur die Aufgabe, vorgegebene Aufgaben zu bewältigen (Wahlanalysen, Renten- sowie Gesundheitsabschätzungen für Auftraggeber ...), sondern ebenfalls aus ihrem Gegenstand heraus gesellschaftliche Sinn- und Wertfragen nach einem eigenen Kategoriensystem zu untersuchen und zu beurteilen.

Es gibt keine Geschichte ohne eine eigene Geschichte. Die Auswahl des Untersuchungsgegenstandes und das damit verbundene Ziel bilden eine Konstruktion. Ähnlich wie das Bauen eines Hauses gibt es einen großen Setzkasten, aus dem die Materialien genommen oder gedacht werden. Nur – und das ist wissenschaftsspezifisch – gibt es auf einer konkreten Baustelle Werturteile, die geteilt werden. Die Verwendung von Steinen, Beton, Eisen, Ziegeln usw. wird auf der Baustelle anerkannt. So ist es auch in der angewandten Mathematik: Durch das Rechnen mit der »1« lassen sich Maßverhältnisse erstellen. Ohne das Werturteil »1« bräche die angewandte Mathematik als in sich formal logisches System auseinander, ließe es sich nicht »objektiv« rechnen.

Kompliziert wird es, wenn »Werturteile« aufgrund eines vermeintlich »besseren und zielgerichteten Alltagswissens« nicht akzeptiert werden. In der Sozialen Arbeit, der Soziologie, der Philosophie, der Kulturwissenschaft ... gibt es zwar Werturteile, doch sind die, wenn überhaupt, »denkschulenimmanent«, also einer gewissen Tradition »der und der« Hochschule verpflichtet und bilden nur ausnahmsweise darüber hinaus auch ein Bezugssystem. Hier liegt das Problem. Ältere Wissenschaften, wie Medizin, Volkswirtschaft oder Philosophie, haben auf den ersten Blick dieses »Problem« ebenso wenig wie die »Baustelle an der Straße«. Doch diese Erkenntnis ist nur oberflächlich richtig.

Um das zu erklären, gehe ich wie beim Hausbau vor. Ich hebe zunächst die Grube aus, bedenke dabei die notwendigen Anschlüsse für Wasser, Elektrizität usw., beginne mit dem Kellerausbau und arbeite mich langsam nach »oben« vor. Nicht jedes Haus hat jedoch z.B. einen Keller. HausbauerInnen haben hier entweder eine gewisse Freiheit oder müssen sich Bodenverhältnissen beugen. Gelegentlich kommt es zu einem »Konflikt« zwischen den Wünschen der Finanzierenden und denen der Ausführenden. Wozu dieser Ausflug zum Hausbau?

Ich denke, dass sich am Hausbau relativ einfach – freilich auch nur holzschnittartig – der Unterschied zwischen verschiedenen Wissenschaften und ihrer »Härte« – auch Anerkennung genannt – erläutern lässt. In überschaubaren geographischen Räumen gibt es ein gemeinsames Bezugssystem für das »Bauen«. Traditionen, Vereinbarungen und aktuelle Notwendigkeiten fließen zusammen und lassen einen »Baukasten der Möglichkeiten« entstehen. Das schließt ein, dass sich alle Beteiligten daran orientieren (Baugesetze, Kodex der Architektenkammer). Mit diesem »Baustein der Möglichkeiten« ist das dann auch einem Hundertwasser oder Gehry möglich, anders zu konstruieren, denn sie können die Menschen »mitnehmen«, weil sie eine gemeinsame Denktradition haben, die Neues aus dem Alten hervorbringt. Sicherlich kann das Überraschende der »überbordenden Ornamentik« oder der »verdrehten Häuser« auch harsche Kritik hervorrufen. Das gemeinsame Bezugssystem aber erlaubt eine Auseinandersetzung mit dem Gegenstand. Noch eingeschränkter sieht es in der praktizierenden Architektur aus, wenn das rein ökonomisch Zweckhafte zur Maxime wird. Zwar stimmt noch der »Ausgangsbaukasten«, doch der »Schrei« nach Effizienz am Bau oder Kostenkalkulation als Maxime lässt eine Disziplin die andere majorisieren. Ökonomisches Denken verfügt über architektonische Gehalte.

Verlasse ich gedanklich die Konstruktion eines Hauses Richtung Konstruktion eines »Gesamtproduktes«, das nicht mehr nur der technischen oder ästhetischen, sondern mehr der ökonomischen Logik folgt. Menschen, die dieses Haus beleben sollen, werden zu Schnittmenschen, denen Quadratmeter, Raumhöhe etc. zugestanden werden. Normierung ist ein Teil des Fortschritts. Weil Arbeitsprozesse immer weiter entkoppelt werden, tritt an die Stelle von Erfahrungswissen abstraktes Wissen, das in vielen Anwendungsgebieten in eine (Arbeits-) Norm umgegossen wird.

Wissenschaften erfahren in der alltäglichen wirtschaftlichen, politischen und sozialen Praxis einer Gesellschaft eine Hierarchisierung. Derzeit steht das ökonomisch Nahe hoch im Kurs. Was herauskommt und umsetzbar ist, ist entscheidend. Der innewohnende Zweifel anderen wissenschaftlichen Arbeitens wird geglättet. Eine unbequeme wissenschaftliche Erkenntnis wird ähnlich wie eine unbequeme politische Position dem scheinbar Machbaren geopfert. Legitimation findet über Umfragen, Wahlen oder den Konsens der Etablierten statt. Tiefgreifende gesellschaftliche Diskurse werden aus den Alltagserfahrungen der Menschen herausgelöst und politisch höchstens auf der symbolischen Ebene oder auch als ethische Rechtfertigung bearbeitet. Wissenschaft im kritisierten Sinn ordnet sich Politik und Wirtschaft unter. Der Anspruch »Freiheit« zeichnet Wissenschaft eigentlich aus.

Erkennen und Verstehen im Zeitzusammenhang

In der Herangehensweise an gesellschaftliche Fragestellungen gibt es die unterschiedlichsten (theoretischen) Ausgangspunkte und damit Untersuchungsgegenstände. Das ursprüngliche Erkenntnisinteresse von Wissenschaftsausrichtungen aber prägt die Akzentuierung des Untersuchungsgegenstandes selbst. Der Betrachtungswinkel entscheidet über das Vorgehen und die Relevanz anderer Gedanken wie auch Theorien für den eigenen Gegenstand. Insofern existieren immer auch Überschneidungen, ebenso wie über inhaltliche Aspektvertiefungen bedingte »ausschließliche« Erkenntnisse.

Die Beschäftigung mit »gleichzeitiger Ungleichzeitigkeit« ist nicht »neu«, doch in ihrer alltäglichen Konsequenz für Praxis und Theorie vieler Wissenschaften bisher nicht konsequent durchdacht: Soziale Arbeit, Pädagogik, Psychologie, Architektur, Literatur, Kunst, Ökonomie und viele andere »leiden« darunter. Einfacher ausgedrückt: Nahezu alle gesellschaftsrelevanten Bereiche sind betroffen.

»Verstehen« ist in hochgradig arbeitsteilig organisierten Gesellschaften ohne Interpretation nicht denkbar (s. Finkeldey 2007). Sprachwissenschaftlich gesehen fallen das Wort, das damit verbundene Symbol und der (subjektive) Begriff auseinander.

Artisjusta fourletterword

Abbildung 7

In Wissenschaft, Kunst und Literatur war dies schon zum Ende des 19. und im beginnenden 20. Jahrhundert ein wichtiges Thema. Das eingeläutete Ende der Agrargesellschaft führte zu einer Art von Sprachlosigkeit, einer »Sprachkrise«. Viele »alte« Beschreibungen und Kategorisierungen passten nicht mehr. Neue Ausdrucksformen mussten gefunden werden. In der Literatur wurde der Abschied vom allumfassenden Gesellschaftsroman zur Montagetechnik (Brecht-Lucas-Kontroverse) begonnen, in der Bildenden Kunst zog ebenso vermehrt die Montagetechnik, aber auch das Abstrakte ein (Picasso, Ernst), in der Architektur begann die Idee der vertikalen Stadt (Le Corbusier) an Bedeutung, in der Philosophie (Bloch) und Soziologie (Weber) wurden die Ungleichzeitigkeit sowie die Vorboten der Individualisierungsgesellschaft und neuer gesellschaftlicher Verantwortung deutlich.

Das vom »Hören-und-Sagen«-Aufgenommene verlor als Erfahrung erster Hand in seiner gesellschaftlichen Breitenwirkung an Gewicht.

Traditionen und damit gemeinsam erlebte Verhaltens- und Wissensbestände, die in der Agrargesellschaft noch über Jahrhunderte Bestand hatten, schrumpften um die Jahrhundertwende vom 19. zum 20. Jahrhundert zeitlich auf die direkte Generationenfolge. Heute können in (post-) modernen Gesellschaften nicht einmal mehr Eltern ihren Kindern umfassendes Lebenswissen als Orientierung vermitteln. Intragenerationale Umschläge sind an die Stelle von Langfristigkeit getreten. Die »Sprachkrise« der Literaten mutierte in knapp über hundert Jahren bewusst oder unbewusst zum »sprachlichen Alltag«. Aus der traditionalen Gesellschaft ist vornehmlich eine Aushandlungsgesellschaft geworden. Wissen »um die Welt« tritt zurück, »Methode« und »Kompetenz« stehen nun als managerielle Fähigkeit im Vordergrund.

Wissensbestände sind aufgrund der exorbitanten Zunahme von verfügbarem Weltwissen immer weniger originär individuelles Bezugswissen erster Hand. Das Weltwissen ist über die Individuen fragmentiert und damit parallelisiert in exklusive Sphären von ExpertInnen. An die Stelle von Überblickswissen humanistischer Prägung tritt Wissensmanagement. Wissensmanagement heutiger Prägung bedeutet in der Konsequenz die Ebene der Verfügbarkeit über einen Gegenstand oder Prozess auf die Ebene von Gebrauchsanweisungen zu verlagern. In Frage steht nicht mehr, »was getan wird«, sondern »wie es getan wird«. Dies betrifft allgemein das »Prozesshafte«, aber auch das handelnde Subjekt selbst. Das tatsächlich subjektiv Erfahrene, das in alltäglicher Interaktion zwischen Individuen abgeglichen und somit gruppenspezifisch verobjektiviert wird, geht in der Paradoxie der vermeintlich aufgeklärten Ich-Gesellschaft unter. Der Wandel des Subjekts von einer selbstbestimmten, gestaltenden und kreativen Persönlichkeit zu einem »Als-ob-Subjekt« gewinnt derzeit an enormer Geschwindigkeit. Beschleunigtes optionales Aushandeln fußt aufgrund der neuen Konstanz »Flüchtigkeit« zunehmend weniger auf substantieller Materie, sondern folgt einem zugespitzten Entscheidungszwang, der im Moment der Entscheidung schon wieder den Verlust vieler Optionen bedeutet. Alfred Andersch hat in seinem autobiographisch geprägten Bericht »Die Kirschen der Freiheit« diesen Prozess an sich als Deserteur deutlich gemacht: »Freiheit« spürte er im Augenblick der Entscheidung, im Moment der Flucht mutierte seine gedankliche Freiheit in ein »Durchschlagen-Müssen«, Entbehrungen und Angst vor Entdeckung und folgender Erschießung durch die ehemals eigenen Mitsoldaten (Andersch 1952).

Freiheit wird im Moment der getroffenen Entscheidung abrupt zu einer (möglicherweise erstickenden) Unfreiheit. Individuelle, kollektive oder institutionelle Freiheit gibt es nur, wenn die Grenzen der Freiheit als tatsächliche Freiheit akzeptiert und gewollt werden.

Die »Sprachkrise« oder die Konstruktion von Wirklichkeit ist heute weltweit fast überall präsent. Die Frage ist »nur«, ob sie von den Individuen als solche wahrgenommen wird oder werden kann und welche Machtkonstellationen Interpretationen als gegebene oder zu verwerfende kategorisieren.

Lässt dafür sich im Zeitverlauf von Generationen bzw. Sozialisationsprozessen eine Art von idealtypischer Rahmung bestimmen?

Wie kommt es in Inter- und zunehmend Intragenerationensbeziehungen zu einer (anderen) Aneignung der »Welt« und welche Konsequenzen hat das für die Interpretation im Verhältnis von Individuum, sozialem Raum und Gesellschaft?

Zur vertiefenden Bearbeitung dieser Fragen erfolgt in »Soziologische, sozialpsychologische und pädagogische Variablen zu Vielfalt oder Differenz« eine Analyse von

Sozialisationsforschung (Grundmann 2006),
Milieuforschung (Vester et al 2001),
Individualisierungstheorie (Beck 2007),
Beschleunigungsforschung (Rosa 2006),
Identitätsforschung (Keupp 2006),
Theorie des Sozialen Raums (Bourdieu et al 2002) und
pädagogischer Forschung zur technischen Zivilisation (v. Hentig 2002).

Diese Analyse nehme ich anhand von prägnanten Textpassagen idealtypisch vor.[1]

Ziel dieser erweiterten theoretischen Fundierung ist, dass exemplarisch für unterschiedliche Generationen Wissens-, Denk- und Verhaltensbestände sowie in deren Folge »Wertsozialisationen« in ihrer jeweiligen (individual-) historischen Genese und Wechselwirkung bestimmt und in ihrer Vermachtung herausgearbeitet werden können.

Eine daraus sich ergebende Wissens- und Wertekonkurrenz mit der Folge von Machtkonstellationen innerhalb einer Generation und zwischen den Generationen findet bisher kaum Eingang in die Forschung.

Erkenntnisinteresse und Ziel eines Forschungsansatzes sind inhaltlich und methodisch nicht voneinander zu trennen. Das klingt bereits in der Wahl des Aspekts für den Untersuchungsgegenstand an. Wesentlich

1. Eine idealtypisch Herangehensweise umschließt eine deutende Erfassung des reinen Typus einer häufigen Erscheinung, die wissenschaftlich auf streng zweckrationale Weise konstruiert ist (s. Weber 1972, 4).

aber auch ist das Vorgehen selbst. Die Wertstruktur, in die das Thema eingebettet wird, bezieht sich auf die Realisierung der Menschenrechte: Allen Menschen, also egal, welcher Altersgruppierung sie angehören, ein menschengerechtes Leben zu ermöglichen. Knapp und deutlich formuliert: Macht auch dort zu verwirklichen, wo keine ist.

Inhaltlich ist es nicht möglich, alle relevanten Aspekte, die komplette Literatur oder Stellungnahmen zum Thema »Generationenverhältnis« heranzuziehen. Dies aus drei Gründen:

1. Die Masse an Büchern, Aufsätzen ist enorm, so dass eine komplette Aufnahme nicht möglich ist bzw. bei Veröffentlichung schon wieder überholt wäre.

2. Wissen gehört seitens des Forschers nach Kategorien geordnet. Diese sind subjektiv gewonnen und stellen gleichzeitig die Voraussetzung von Erkenntnis dar. Unsere Wahrheit ist folglich an die Wertstruktur der eigenen Ausgangsbedingungen geknüpft.[2] Objektivität ist damit ein Kunstbegriff.

3. Die Auswahl der Quellen fußt ebenso auf subjektiven Werthaltungen. Allein das Weglassen von Teilen der Literatur oder auch das ausschnitthafte Zitieren bedeutet damit, eine subjektive Auswahl zu treffen.

Mit diesem Buch geht es nicht nur darum, sich Wissen erschließen zu können, sondern auch gleichzeitig den Prozess des Aneignens von »Generationen« im Sinne einer Konstruktion zu verstehen. Da, wie schon dargelegt, die Wirklichkeit nicht komplett erfassbar ist, soll das Vorgehen transparent sein. In einer Welt überbordender Information wird es immer schwieriger, sich Kategorien des Denkens zu erschließen.

Das Erstellen eines Buches ist im dargelegten Sinn immer auch »Bastelarbeit«. Nur: In den seltensten Fällen wird das Basteln deutlich gemacht, es wird suggeriert, dass »die« Antwort auf eine Fragestellung gegeben wird.

Das »Wirkliche in all seiner Vielfalt« zur eigenen Zeit und sozialen Herkunft kann nicht eingefangen werden. Bereits die Begriffsbildung

2. Diesem Gedankengang widmet sich Max Weber in einer Abhandlung zur »Objektivität sozialwissenschaftlicher Erkenntnis« (s. Weber 1973, 186-262).

selbst führt von der Wirklichkeit weg, denn Begriffe bilden ein logisches Verständnis ab, das der Wirklichkeit nicht inhärent ist. Es handelt sich dabei um eine bereinigte Wirklichkeit, die nur bestimmte Momente herausarbeitet, während andere vernachlässigt oder erst gar nicht berücksichtigt werden.[3] Deutliche Beispiele seien gegeben: Die Erörterung der meisten Ansätze zum Generationenverhältnis geht von heutigen Bedingungen aus, die geschichtlich gewachsen sind und aus dieser Sicht hypothesenhaft fortgeschrieben werden. Haben die aber Bestand? Derzeit leben schon fast mehr Jugendliche in den Staaten, die südlich an das Mittelmeer angrenzen als in der Europäischen Union. Was passiert, wenn die alle nach Europa drängen? Oder können wir einen Krieg, eine Seuche ausschließen, die Alterskohorten quantitativ verändern werden? Auch Kriege, die nicht direkt Europa betreffen, können Bevölkerungsschrumpfungen und ökonomische Folgen aufweisen und dadurch Generationengerechtigkeit verschieben.

Entscheidend ist die tatsächliche Konturierung von »offenen« und »geschlossenen« Fragen im Untersuchungsgegenstand selbst. Die Auswahl der zu bearbeitenden Variablen zum Generationenverhältnis habe ich bereits weiter oben benannt· Methodisch hat dies zur Folge, dass wegen einer transparenten Vorgehensweise in den einzelnen heranzuziehenden Wissenschaftsbereichen Komplexitätsreduktionen vorgenommen werden: Der Textkorpus der Literatur ist beschränkt, weshalb die Ansätze letztendlich ausschnitthaft wiedergegeben werden, um den Gegenstand in einer relativen Klarheit nachvollziehbar gestalten zu können. Ich verzichte damit auf ein Kaleidoskop abstrakter Materie, deren Gewinnung und Komposition letztlich oft nur dem Autor selbst klar ist. Plastisch formuliert: Eine Konstruktionsleistung ist immer das Resultat, doch der gewählte Weg in dieser Publikation bringt Bekanntes und Unbekanntes anders in das Ergebnis »der Rechnung« ein. Methodisch gesehen werde ich mit Hypothesenbildung und idealtypischen Konstruktionen arbeiten. Diese Kombination bietet sich für eine Bestimmung des Generationenverhältnisses an, weil Bedingungen in ihrer Beschränktheit und Weite dargelegt, analysiert und neu konfiguriert werden.

3. In ähnlicher Form hat dies Max Weber in seinem Aufsatz »Objektivität sozialwissenschaftlicher Erkenntnis« herausgearbeitet (s. Weber 1973, 186-262).

Statistische Variable Bevölkerungsentwicklung zum quantitativen Verstehen von Generationenbeziehungen

Prognosen zur Bevölkerungsentwicklung gibt es wie Sand am Meer. Die Frage ist nur, wie »hart« sind sie. An anderer Stelle habe ich eingeflochten, dass zukünftige Bevölkerungsentwicklungen viele Unwägbarkeiten nicht berücksichtigen (können).

Bevölkerungsprognosen »leiden« unter der Schwierigkeit, Zukunft bestimmen zu können. Es gibt Gesellschaften, die beispielsweise keinen Begriff für »Zukunft« haben. Sie brauchen ihn auch nicht, weil sich relativ wenig ändert und das sich Ändernde wiederum für alle überschaubar und vor allem gemeinsam erlebbar ist. Das traditional Naturwüchsige der Gemeinschaft hat in einer »modernen Konstellation« keinen Platz mehr. Die Risiken sind unüberschaubar und können daher nur abstrakt »geklärt« werden. »Planbare Zukunft« ist in der bürgerlichen Gesellschaft eine zentrale Kategorie: Besitz, Vererbung sowie rationales Handeln für die nachfolgenden Generationen werden als unabdingbar betrachtet, damit das eigene Schaffen fortgesetzt werden kann. Die »Welt« soll planbar bleiben. Dennoch haben wir es mit einem Paradoxon zu tun: Ulrich Beck macht bereits 1986 mit seiner »Risikogesellschaft« (Beck 1986) deutlich, dass es Risiken gibt, die nicht versicherbar sind. Die Planbarkeit technischen Handelns hat immer eine Restfehlerquote, ein Restrisiko. »Menschliches Versagen« wird mit der Rationalität des möglichen Denkens und Handeln eingeflochten und gleichzeitig ignoriert, damit alles »im Griff« gehalten wird. Der eigentlich rational planen sollende Mensch ist jedoch gar nicht so kalkulierbar oder des Kalkulierens fähig, obwohl er sich gern als solches gebärdet.

Der philosophische Gedanke des unsterblichen Sterblichen als geschichtliche Größe des zukünftig ewig lebenden Toten scheint unausgesprochen die Maxime zu sein. Oder ist es nur ein Wahn der erdgeschichtlichen Miniaturlinge, Geschichte schreiben zu müssen?

Auch wissen wir nicht, ob unsere eigenen Rentenversicherungen für uns reichen oder ob wir sie überhaupt in Anspruch nehmen können. Die Riester-Rente mit ihrem monetarisierbaren Anteil – ohne als Einzahler selbst Nutznießer sein zu müssen – weist in Richtung des Selbsterhalts von Erbschaftslinien. »Solidarität« als Wert einer Gemeinschaft schrumpft zu »Eigenleistung« der Einzahlenden mit ihren Nutznießern.

Die Idee des statistischen Erfassens »Bevölkerung« im Hier, Jetzt, Kommenden, für alle Lebensbereiche steht wie ein monolithischer Block. Ein Teil der Statistik, die Bevölkerungsstatistik, wird gern in geometrischen oder naturalistischen Formen ausgedrückt, um die zukünftigen Probleme visuell verdeutlichen zu können: Pyramiden, Zwiebeln usw.

Bevölkerungsprognosen sind trotz aller Kritik in einer auf künstlich geschaffenen Sozial-, Bildungs- und Berufssystemen basierenden Gesellschaft notwendig. Sie sollten allerdings den ihnen gebührenden Stellenwert bekommen, indem der begrifflich vage Bestandteil »Prognose« (Voraus-/Vorhersage) im Zentrum der Betrachtung steht und nicht so getan wird, als ob menschliches Leben nach rationalen Kriterien planbar vor sich gehe.

Geburtenrate: 1,37 Kinder pro Frau – trotz leichtem Anstieg ...

Obwohl die Geburtenrate in Deutschland leicht angestiegen ist, kann sie den Bevölkerungsschwund nicht bremsen. Familienministerin ...

Abbildung 8 (Quelle: focus online, S. 33)

So geht es nach Butterwegge und Böhning/Burmeister bei prospektiver Bevölkerungsstatistik nicht um objektive Daten oder Fakten, sondern um subjektive Einschätzungen bzw. ideologisch gefärbte Bilder, deren Grundanschauungen das Ausgangsinteresse bilden (s. Butterwegge 2006, 53f; Böhning/Burmeister 2004, 12). Dem Bevölkerungswissenschaftler Birk unterstellt Butterwegge beispielsweise, dass er mit Mathematik und Statistik Politik mache (s. Butterwegge 2006, 54). Bei langfristigen Prognosen zur Bevölkerungsentwicklung und damit zukünftiger Rentenzahlungen oder Wohlstandsverteilung kommen Butterwegge, Böhning/Burmeister zu einem vernichtenden Urteil: Sie titulieren sie als »Kaffeesatzleserei« (s. Butterwegge 2006, 15; s. Böhning/Burmeister 2004, 19).

Böhning/Burmeister belegen dies mit einem Rückgriff auf die Rentenpolitik Adenauers.[4] Adenauer hätte in den 50er Jahren wissen müssen, dass die Antibabypille zu einem »Geburtenknick« führe, die Anwerbung ausländischer Arbeitskräfte hätte in Berechnungen einfließen, die Öffnung der Grenzen Richtung Osteuropa sowie die Wiedervereinigung Deutschlands hätte Berücksichtigung finden müssen. (s. Böhning/Burmeister 2004, 19)

Freilich konnte das Regierung Adenauer nicht wissen, doch wurde bei der Einführung des Rentenkonzepts das »Nicht-Wissen-Können« (Beck) nicht thematisiert. Auch heute finden sich Ausblendungen dieser Art in der politischen Diskussion des Themas »Generationengerechtigkeit«. Butterwegge betrachtet wie Klundt Demographie in dieser Folge als Demagogie (s. Butterwegge 2006, 56; s. Klundt 2004, 141), weil bewusst Faktoren betont oder ignoriert würden.

Sicherlich ist bei der Beschäftigung mit dem Thema »Generationengerechtigkeit« die Relation der Alterskohorten von Bedeutung, doch darf sie nicht andere zentrale Politikgebiete einseitig überlagern. Für die in diesem Abschnitt bisher herangezogenen Kritiker der »ideologisch geprägten Bevölkerungspolitik« kann unisono festgehalten werden, dass sie in der ungleichen gesellschaftlichen Verteilung von materiellen und immateriellen Ressourcen deutlich mehr Gewicht im Sinne von »Ungerechtigkeit« sehen als in dem Altersaufbau der Gesellschaft und daran ein ungleichheitsproduzierendes oder gar –zementierendes soziales Problem in Aktualität und Zukunft festmachen, das auch etwas mit Generationen zu tun hat.

4. Das Autorenteam bezieht sich hierbei auf: Bosbach, Gerd (2004): Demographische Entwicklung, Gewerkschaftliche Monatshefte 2/2004, S. 96-103.

Böhning/Burmeister und Klundt kritisieren, dass die Staatsverschuldung mit daraus resultierenden Sparmaßnahmen im Sozial- und Bildungsbereich Zukunftschancen perspektivisch für heute schon benachteiligte Bevölkerungsgruppen weiter verfestigte und deren soziales Kapital weiterhin negativ beeinflusse (s. Böhning/Burmeister 2004, 22-24; s. Klundt 2004, 131). Insofern stellt sich die Frage, welche Maßnahmen tatsächlich nachhaltig sein könnten. Eine Sanierung aktueller Haushalte mag zwar politisch kurzfristig gut vermittelbar sein, doch darf sie gesellschaftliche Solidarität nicht noch weiter aufkündigen. Das Beispiel der privaten Altersversorgung steht dafür Pate: Nur wer recht gut oder besser verdient, kann von der Riester-Rente voll profitieren, denn die entwickelt ihre Stärke erst durch steuerliche Begünstigungen. Wer keine Steuern zahlt, wer keine verfügbaren Einkommensteile hat … die Verlagerung gesellschaftlicher Risiken findet in deren Individualisierung eine Fortsetzung.

Der Journalist und studierte Volkswirtschaftler Detlef Gürtler schreibt in der TAZ vom 15. Mai 2002, dass der einzige Störfaktor, der jede Bevölkerungsprognose zunichte machen könne, Verhaltensänderungen seien (s. Gürtler 2002). Zur Rentenpolitik Adenauers habe ich angemerkt, dass viele Faktoren bei der Planung nicht berücksichtigt werden sollten, vor allem aber könnten. Wie sieht es heute aus, welche Planungsgrundlagen sollten oder könnten einfließen? Ein kurzer Bezug auf fünf Autoren soll helfen, mehr Klarheit zu verschaffen.

Dazu ziehe ich kurz die Ausgangsüberlegungen und die Glaubwürdigkeit bezüglich Prognosen von Herwig Birg (1981–2004 Lehrstuhl für Bevölkerungswissenschaft, Universität Bielefeld), Johann Hahlen (1995-2006 Präsident des Statistischen Bundesamtes, dann bis Ende 2007 Staatssekretär im Bundesministerium des Innern), Detlef Gürtler (s.o.), Gerd Bosbach (Prof. für Statistik und empirische Wirtschafts- und Sozialforschung, Fachhochschule Koblenz) und Christoph Butterwegge (Lehrstuhl für Politische Wissenschaft, Universität Köln) heran.[5]

5. Die Vorarbeiten zu diesen Ausführungen leistete Sebastian Loselein als wissenschaftliche Hilfskraft an der HAWK Hildesheim, Holzminden, Göttingen).

Ausgangssituation:

Birg	prinzipiell Zusammenhänge zwischen der demografischen Entwicklung und der Funktionsweise des sozialen Sicherungssystems – Folge soziale Sicherungssystem trägt Mitverantwortung (s. Birg 2000, 2ff)
Hahlen	stützt sich auf die »10. koordinierte Bevölkerungsvorausberechnung« (s. Hahlen 2003)
Gürtler	es ist schwer, sich von liebgewonnenen Glaubenssätzen zu verabschieden (s. Gürtler 2007)
Bosbach	demografische Zahlen des Statistischen Bundesamtes (s. Bosbach 2003)
Butterwegge	bei der Beurteilung des demografischen Wandels geht es nicht nur um objektive Daten und Fakten, sondern auch um subjektive Einschätzungen (s. Butterwegge 2007, 1)

Glaubwürdigkeit von Prognosen:

Birg	demografische Prognosen sind wesentlich zuverlässiger als wirtschaftliche (s. Birg 2007, 6)
Hahlen	Bevölkerungsvorausberechnungen des Statistischen Bundesamtes machen künftige Veränderungen sichtbar und zeigen deren Größenordnung auf (s. Hahlen 2003)
Gürtler	bei Geburtenzahlen handelt es sich wenn nicht um eine Lüge, so doch um eine statistische Schimäre (s. Gürtler 2007)
Bosbach	Prognosegläubigkeit ist unberechtigt und nicht gleich einem Naturgesetz, das eintreten wird (s. Bosbach 2007)
Butterwegge	Bevölkerungswissenschaft wird zur Scharlatanerie und Demografie zur Ideologie (s. Butterwegge 2007, 2)

Sicherlich werden bei der vergleichenden Heranziehung von Merkmalen aus Texten zum Teil Äpfel mit Birnen verglichen, die sich bei vergleichenden Interviews vermeiden ließen, doch geht es in diesem Zusammenhang vornehmlich um die Wertsetzung, die Frage der Härte oder perspektivisch zunehmende Unsicherheit von Prognosen. Die

Ausgangsbasis für Prognosen ist der Wertsphäre zuzurechnen. Das lässt die überblickartige Aufstellung erkennen. Die grundlegenden Ausgangswerte und –gedanken hängen mit dem fachlichen und politischen Hintergrund der Autoren zusammen. Auch das dürfte unbestritten sein. Zwei große Fragenkomplexe bleiben jedoch offen: 1. Sind die herangezogenen Variablen in den Berechnungen stichhaltig oder »Kaffeesatzleserei«? 2. Lassen sich überhaupt alle Variablen erfassen? Die zweite Frage ist bereits mit Adenauers Rentenpolitik beantwortet und findet mit Beck im Rahmen von Nicht-Wissen-Können eine erneute Aufnahme in diesem Buch. Dennoch wäre es fatal diesen Ansatz in Bausch und Bogen zu verwerfen. Mögliche – aber keinesfalls tatsächliche – Näherungswerte lassen sich damit aufzeigen.

Die »10. koordinierte Bevölkerungsvorausberechnung« aus dem Jahr 2003 entwirft verschiedene Szenarien, die auf dem Bekannten aufbauen. Szenarien, wie für die Adenauersche Rentenreform aufgezeigte, also der spätere Pillenknick oder der Wandlungsprozess des früheren »Ostblocks« mit seinen weltweiten Folgen, lassen sich jedoch nicht vorhersagen. Eine Perspektive lässt sich folglich »nur« auf der Basis des Bekannten entwickeln und hochrechnen, wobei zeitnahe Phänomene im Sinne des klassischen Nichtwissens, also dem Füllen von bekannten Wissenslücken, im Fokus stehen. Diese Perspektive wird aber nie mehr langfristig gesehen in (post-) modernen Gesellschaften die »Zukunft« sein. Denn gesellschaftliche Zukunft lässt sich heute nicht über bekannte Unbekannte, sondern nur über unbekannte Unbekannte fassen. Das wiederum ist so abstrakt und damit wenig aussagefähig, dass sich konkrete Prognosen mit einer nur sehr relativen Wahrscheinlichkeit bilden lassen. Sicherlich mag es durch weitreichende Prognosen dennoch hin und wieder einen Zukunftstreffer geben, doch der braucht ex post gesehen den Zufall.

Einschub: Wissenschaftlichkeit im beschleunigten Diskurs

Die für dieses Buch gewählte Untersuchungsmethode basiert auf Textanalysen, die für die Konstruktion von Idealtypen und Hypothesen dienen. Darüber wird eine theoretische Figur geschaffen, die den Prinzipien der »Objektivität sozialwissenschaftlicher Erkenntnis« (Weber) folgt.

Wie ich schon anriss, bestimmen eingebrachte »Interessen« oder »Werte« die Logik des Forschenden und determinieren damit das Ergebnis. Andere Interessen, andere Werte zeitigen andere Ergebnisse. »Objektivität sozialwissenschaftlicher Erkenntnis« bedeutet, »Interesse« mit der Definition der Grundlagen offen zu legen. Darauf erst kann »objektiv« gedacht und gearbeitet werden. »Objektivität« ist folglich ein Konstrukt, ein Kunstbegriff.

Der inhaltliche Weg des wissenschaftlichen Arbeitens folgt den Schritten Werturteil, Deutung, Erkenntnis. Das denkende Subjekt zieht auf diese Weise immer mehr logisch nachvollziehbare Konstruktionen in sein Denksystem ein, wobei im Prozess der Erkenntnis Verallgemeinerungen subjektiven Deutungen weichen.

Eine schematische Darstellung im wissenschaftlichen Arbeitsprozess zu »Werturteil, Deutung und Erkenntnis« sieht folgendermaßen aus:

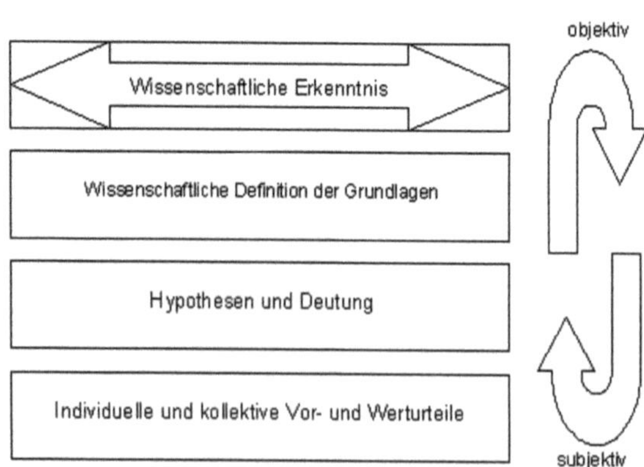

Abbildung 9

Zunächst bilden vor jeder neuen Erkenntnis eigene Vor- und Werturteile den Ausgangspunkt (1.). Durch eine künstliche Distanzierung (z.B. das Zulassen »unbekannter« Informationen) lassen sich neue Hypothesen und Deutungen, das Herstellen von Fremdheit gegenüber den eigenen Erfahrungen herstellen (2.). In diesem Prozess gilt es den Kern der künftigen Betrachtung, das »Interesse« festzulegen und wissenschaftlich zu untermauern (3.). Mit der Offenlegung des wissenschaftlichen Interesses beginnt der Prozess der »objektiven Konstruktion« (3.). Weitere Arbeitsschritte sind dann in ihrer Konstruktion nachvollziehbar (3. und 4.). Nach erfolgter wissenschaftlicher »Neuvermessung« beginnt, der dargelegte Prozess erneut, wenn neue Variable hinzukommen.

Der Idealtypus als Konstruktion geht auf Max Weber zurück.[6] Weber versteht unter »Idealtypus« ein Idealbild von Vorgängen zu einem widerspruchslosen Konsens von gedachten Zusammenhängen. Damit ist der Idealtypus keine Hypothese, will aber der Hypothesenbildung Vorschub leisten. Er umschließt keine Darstellung des Wirklichen, verleiht jedoch der Darstellung eindeutige Ausdrucksmittel. Gesichtspunkte werden einseitig gesteigert und sind in dieser Logik nicht in der Wirklichkeit empirisch vorfindbar. (s. Weber 1973, 234) Der Idealtypus bildet in der Weber'schen Logik nicht das Ziel von sozialwissenschaftlicher Erkenntnis, sondern dient als »rein logisches Hilfsmittel« (s. Weber 1973, 244).

Den Zweck der idealtypischen Begriffsbildung sieht Weber nicht im Gattungsmäßigen, sondern darin, die Eigenart von Kulturerscheinungen in das Bewusstsein zu bringen (s. Weber 1973, 248).

Da Weber zwischen Wissenschaften, die in der Aktualität sich permanent wandeln und solchen, die in abgeschlossenen Zeiträumen denken, unterscheidet, weist er den Wissenschaften, denen »ewige Jugendlichkeit« (Weber) beschieden ist, methodisch idealtypische Konstruktionen als unverzichtbare Arbeitsweise zu (s. Weber 1973, 252).

Idealtypen geben nach Weber den Hypothesen die Richtung, weil die Idealtypen keine Darstellung des Wirklichen sind. In einer Zeit des

6. s. Weber, Max [1973]: Soziologie – Sozialgeschichtliche Analysen – Politik, Stuttgart, S. 186-262

schnellen Wandels nähert sich methodisch gesehen aufgrund eines »aktuellen Aussagezwangs« die Konstruktion »Hypothese« dem »Idealtypus« an, weil für eine sehr konkrete Hypothesenbildung wenig Zeit bleibt. Hypothesen werden zunächst auf gedanklichen Annahmen aufgebaut, die in einem weiteren Schritt auf Angemessenheit und Informationsgehalt geprüft und in Beziehung gesetzt werden. Daraufhin wird deren Realitätshaltigkeit validiert, um daraus Definitionen ableiten zu können, die für eine Theoriebildung dienen.[7] Hypothesen sind folglich Annahmen, die einer wissenschaftlichen Überprüfung unterliegen und zu rationalem, deshalb überprüfbar und nachvollziehbarem, wissenschaftlichen Handeln dienen. Ziel dabei ist, das subjektive Moment in der wissenschaftlichen Arbeit weitgehend zu eliminieren. Auf der Ebene der Weiterarbeit mit Hypothesen und Idealtypen entsteht ein Konflikt, denn die »Aktualität« kollidiert mit der »Intensität« von Forschung.

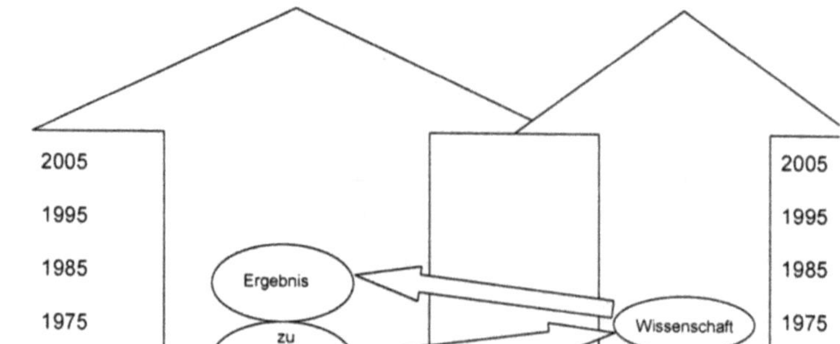

Abbildung 10

7. In leicht abgewandelter Form finden sich die Aussagen bei Friedrichs (s. Friedrichs 1973, 103ff).

Bei der wissenschaftlichen Positionierung von Forschung nach Max Weber dienen die Idealtypen als Grundlage zur Hypothesenbildung, die wiederum den gesellschaftlichen Erfahrungsraum in toto erschließen helfen sollen. Diese sehr intensive Forschung aber verlängert die Zeitspanne zwischen Theoriekonfigurierung und Datenerhebung nebst deren Auswertung zur neuen Theoriebildung. Das, was vor rund 80 bis 100 Jahren ein eher rudimentäres Problem war, nämlich der gegenüber heute sich noch träge wälzende gesellschaftliche Wandel, hat an Intensität und Beschleunigung so zugenommen, dass fundierte Aussagen zu Problemstellungen nur mit einer Zeitverzögerung möglich werden, die das ursprüngliche Problem schon in einem (leicht) anderen Licht erscheinen lassen. Bei einkalkulierten «Verlusten« lässt sich aber diese Zeitspanne verkürzen, indem Idealtypen in deren Folge Hypothesen als »verkürzte Realität« konstruiert werden.

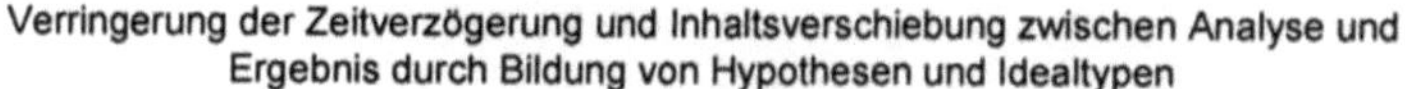

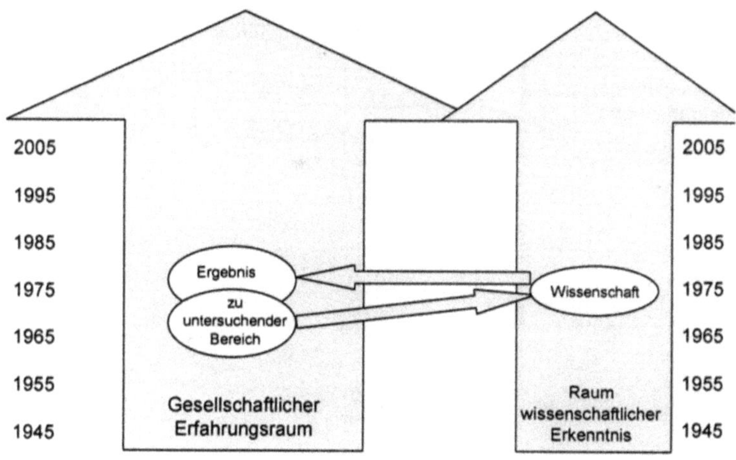

Abbildung 11

Dieses Dilemma ist unausweichlich: Eine zunehmende Beschleunigung im globalen Wandlungsprozess und damit auch vornehmlich hypothesengeleitete Forschung mit gleichzeitigen Asynchronitäten lässt immer mehr »Nicht-Wissen« als »Wissen« erscheinen, während eine grundlegende soziologische Forschung erst dann abgeschlossen ist, wenn die »neue« Aktualität bereits weitere – zum Forschungszeitpunkt nicht bekannte – Zonen des Nicht–Wissen-Könnens eröffnet hat. Der »scientific lag« den der Pädagoge Dewey bereits Anfang des 20. Jahrhunderts für die Pädagogik gegenüber der technischen Entwicklung postulierte, ist heute Bestandteil jedweder Forschung, wenn diese in Korrelation mit anderen gebracht wird. Schematisch lässt sich dieser Zusammenhang aus den folgenden zwei Abbildungen entnehmen:

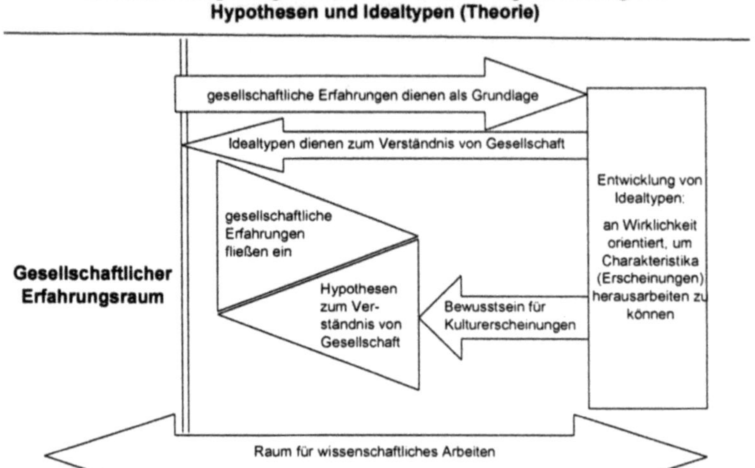

Abbildung 12

Ohne Kunstgriffe bzw. Konstruktionen kann heute keine übergreifende Theoriebildung auskommen. Wie ist dann aber dem vermeintlichen Paradox zu begegnen, »Verfügbarkeit« über den »Fortschritt« zu bekommen, statt »Gebrauchsanweisungen« zu liefern? Eine aktualisierte Fassung – also eine dem gesellschaftlichen Wandel geschuldete Überarbeitung – von Hypothesen und Idealtypen kann einen Weg aus dem Dilemma weisen:

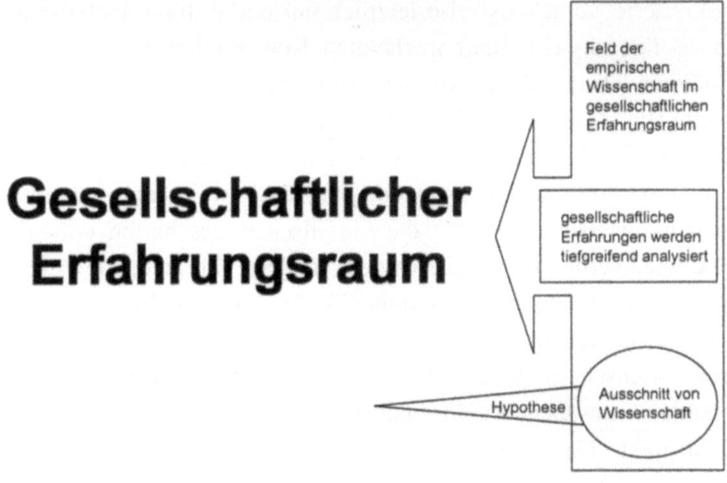

Abbildung 13

Zentrale Textpassagen, die wesentliche Aspekte der aktuellen wissenschaftlichen (Teil-) Diskussionen wiedergeben, dienen, trotz ihrer Begrenztheit Wirklichkeit zu erfassen, als Grundlage für eine Begriffsbestimmung, indem deren zentrale Aussagen/Hypothesen als »Idealtypen« konstruiert werden, »(…) die unsere, an der Wirklichkeit orientierte und geschulte *Phantasie* als adäquat *beurteilt.*« (Weber 1973, 239)

Diese idealtypischen Konstrukte aus verschiedenen Quellen, deren Überprüfbarkeit durch Transparenz gewährleistet ist, werden anschließend hypothesenhaft zusammengeführt, um daraus wiederum eine Konstruktion für das gesamt zu Untersuchende zu generieren.

Dieses Konstrukt zur gesellschaftlichen Dynamik gleichzeitiger Ungleichzeitigkeit folgt der Erkenntnis, dass jedweder Ausschnitt der »Welt« nicht in aller Komplexität abbildbar und auch aufgrund seiner »ewigen Jugendlichkeit« (Weber) höchstens – wahrscheinlich aber doch nicht – ex post komplett beurteilbar ist. Deshalb sind »Vereinfachungen« (Idealtypen) für größere Theoriezusammenhänge notwendig, um hypothesenhaft das »größere Ganze« erschließen zu können. Der Unterschied zwischen »Hypothese« und «Idealtypus« ist durch die hier skizzierte Vorgehensweise letztlich nur ein abstrakt analytischer, um zwischen ausschnitthaft geglätteten Konstruktionen (Idealtypen) und offenen Theoriekonstruktionen (Hypothesen) trennen zu können. Sowohl »Hypothese« als »Idealtypus« sind damit eine Antwort auf das »ewig Jugendliche« wie auch die Beschleunigung von Gesellschaft. Die methodologische Konsequenz ist, dass weit mehr als eine Gebrauchsanweisung z.B. für die Gesellschaft geschaffen oder das Generationenverhältnis gegeben wird, so dass eine zeitnahe Anlage zum Verstehen komplexer Zusammenhänge sowie zur Vertiefung des Verständnisses gelegt ist.

Aus wissenschaftlicher Sicht gibt es vier inhaltliche Ebenen, die zum Verständnis eines Gegenstandes beitragen können:

1. Abstrakte Theorieebene
2. konkrete Theorieebene,
3. wissenschaftsbasierte Ebene und
4. anwendungsbezogene Ebene.

Die abstrakte Theorieebene umschließt z.B. alle forschungsrelevanten Ansätze mit ihren möglichen Faktoren. Die konkrete Theorieebene bezieht sich auf die wissenschaftsfundierte Analyse mit einem Umbruch zu praktischer Anwendung. Das Wissenschaftsbasierte gibt Einblicke in wissenschaftliche Erkenntnis und das Anwendungsbezogene umschließt letztlich eine Gebrauchsanweisung. Wenn in einem wissenschaftlichen Prozess alle Ebenen berücksichtigt werden sollen, muss eine Transparenz geschaffen werden, die den Nachvollzug der Arbeit in beiden Richtungen ermöglicht. In diesem Zusammenhang liegt das Schwergewicht der Analyse im Bereich der konkreten Theorieebene, wobei Ausflüge in die abstrakte Theorie sowie das Wissenschaftsbasierte stattfinden.

In der wissenschaftlichen Literatur lassen sich Primär-, Sekundär- und Tertiärtexte unterscheiden. Bei Primärtexten handelt es sich um Originalquellen, Sekundärtexte interpretieren diese und Tertiärtexte geben Gebrauchsanweisungen zum Thema. Dieses Buch nimmt eine

Stellung zwischen Primär- und Sekundärtext ein: Einerseits werden Quellen einbezogen, andererseits aber werden diese durch eine bestimmte Ausgangstheorie und Vorgehensweise in einen Primärtextansatz eingewoben.

In einer weitgehend auf Traditionen fußenden Gesellschaft sind aufgrund einer großen Schnittmenge von Erfahrungen »erster Hand« vielfach theoretische Ansätze nicht notwendig. Subjekte gehen in einer Gesellschaftsformation mit flacher Arbeitsteilung noch im Kollektiv ähnliche, gegenseitig nachvollziehbare Wege, so dass ihre Erfahrungen erster Hand für alle Beteiligten nachvollziehbar und vergleichbar sind (»Sozialsation« bedeutet »Sozialmachung«). In einer Gesellschaft mit hochgradiger Arbeitsteilung gibt es weniger »Gemeinsames« erster Hand. Vieles scheint noch ähnlich, hat aber dennoch oft nur den Charakter eines Zitats: Es dreht sich um punktuell gleichsame Erfahrungen, die um ihre sonstigen Begleiterscheinungen abgeschnitten einen insulären Charakter aufweisen. Aushandeln wird immer zentraler, weil Vergleichbares eben doch nicht so einfach vergleichbar ist. Schließlich wandeln sich Zitate majoritär in Realitätsfetzen, so dass Aushandeln an die Stelle »alter gemeinsamer Verbindlichkeiten tritt (»Sozialisation« umschließt weite Teile von »Eigensozialisation«).

Soziologische, sozialpsychologische und pädagogische Variable zu Vielfalt oder Differenz

Variable zu Vielfalt oder Differenz im Generationenverhältnis heißt in diesem Abschnitt, zusätzliche inhaltliche Facetten über Literatur zu erschließen und sie in Beziehung zu setzen. Mit dem Abarbeiten der unterschiedlichen Themenstellungen ist keine Hierarchisierung der Inhalte gegeben, sondern der Weg gewählt, sehr unterschiedliche Herangehensweisen an gesellschaftliche Ausschnitte inhaltlich anknüpfbar zu bearbeiten.

»Sozialisation« verkörpert das subjektive und objektive Hineinwachsen in Gesellschaft als abstraktes Ganzes. Das »Milieu« verortet Individuen aufgrund ihres Seins in Gesellschaft, die sich durch »Individualisierung« und »Beschleunigung« für gesellschaftliche Subjekte wandelt. »Identität« im vermachteten »Sozialen Raum« bildet die Grundlagen für eine individuelle Prägung als Anpassungsleistung. »Pädagogik« steht für das Eruieren möglicher Lernprozesse.

Die primär herangezogenen Literaturquellen sind:
Sozialisationsforschung (Grundmann 2006),
Milieuforschung (Vester et al 2001),
Individualisierungstheorie (Beck 2007),
Identitätsforschung (Keupp 2006),
Theorie des Sozialen Raums (Bourdieu et al 2002),
Beschleunigungstheorie (Rosa 2006),
Pädagogische Forschung zur technischen Zivilisation (v. Hentig 2002).

Sozialisationsforschung[8]

Sozialisation bezeichnet Grundmann zunächst als soziale Praxis, die sich durch das Zusammenleben von Menschen etabliert, wobei Erfahrungen, Fertigkeiten und Wissen ausgetauscht und kultiviert werden. Damit ist Sozialisation zunächst ein ganz allgemeiner Prozess der wechselseitigen Bezugnahme von Menschen. (s. Grundmann 2006, 26)

Eine Gefahr bei der begrifflichen Fassung von »Sozialisation« besteht in der meist nicht trennscharfen Abgrenzung zu den Begriffen »Bildung« und »Erziehung«. Eine systematische Bestimmung bedarf folgender Unterscheidung: Sozialisation als Gestaltungsprozess des sozialen Miteinanders, Bildung/Erziehung als Prozess der Prägung sowie Anregung und Entwicklung. In Entwicklung steckt erfahrungsbiographische Verdichtung individuellen Handlungswissens. (s. Grundmann 2006, 24ff)

Erziehung bedeutet im Deutschen gezielt in den Prozess des Aufwachsens einzugreifen, während »education/éducation« in der engli-

8. Wegen der Methodik des idealtypischen und hypothesenhaften Vorgehens, welches einen »deutlichen Ausdruck« (vgl. Weber) anvisiert, liegt der Hauptbezug dieses Abschnitts zu Sozialisationsforschung auf einer Passage aus dem Buch »Sozialisation« von Grundmann (2006).

schen oder französischen Sprache gleichzeitig institutionell erworbene Bildung ist. Bildung ist nach deutschem Muster die Form, in der die Individuen an der »Kultur« teilhaben. (s. Fuhrmann 2002, 36ff)

Sozialisationsforschung ist nach wie vor uneinheitlich. Begriffliche Bestandteile sind:

- soziale Lernprozesse,
- Entwicklung individueller Kompetenzen,
- Funktionalität sozialer Praxen,
- Bezugnahme und Beziehungsgestaltung für soziale Integration und Identitätsfindung und
- soziale Formierungsprozesse. (s. Grundmann 2006, 30)

Sozialisation selbst setzt im Prozesshaften Interaktion wie auch Dispositionen des Menschen zu Reflexion, Koordination und Verständigung voraus. Sozialisation ist folglich eine soziale Praxis, die sich durch das Zusammenleben von Menschen etabliert, wobei Erfahrungen, Fertigkeiten und Wissen zwischen Menschen in einem wechselseitigen Prozess ausgetauscht und kultiviert werden. (s. Grundmann 2006, 30)

Grundmann unterscheidet vier Arten des sozialen Seins (»Modalitäten der Sozietät«):

1. Kollektiv,
2. Orientierung an sozialer Hierarchie,
3. Orientierung an Ähnlichkeit und
4. Orientierung an Konkurrenten. (s. Grundmann 2006, 31)

Das soziale Sein als Sozialisationspraxis impliziert eine Form von Verständigung, Koordination und Bereitschaft der Akteure, sich auf eine gemeinsame Handlungsebene und Lebensführung einzulassen. Die Voraussetzung dazu ist, eine Fähigkeit zu besitzen, Verhaltensäußerungen anderer Menschen (der Gegenüber) deuten zu können. (s. Grundmann 2006, 32)

Sozialisation drückt damit eine spezifische Beziehungspraxis aus, die durch wechselseitige Zuwendung von Akteuren zum Zweck der Verfestigung gemeinsamer Handlungsweisen bzw. Lebenspraxis getragen wird. Diese Beziehungspraxis schließt trotz Eigeninteressen und

Erfahrungsdifferenz der Akteure eine gemeinsame Handlungsperspektive ein. Folglich müssen Akteure auch in der Lage sein, sich von gemeinsamen Regeln der Lebensführung auch distanzieren zu können. Als Beispiel sei das Verhältnis von Neugeborenen und Eltern als Prototyp herangezogen, die die sich wechselseitig in ihrem Verhalten regulieren und darüber ihre Beziehung zueinander bestimmen.[9] (s. Grundmann 2006, 32f)

Diese zwischen Kind und Elternteil existente Beziehung ist trotz wechselseitiger Zuwendung nicht ohne Kompetenzgefälle. Dieses besteht z.B. ebenfalls zwischen Älteren und Jüngeren, Wissenden und Lernende oder Experten und Laien. (s. Grundmann 2006, 33f) Grundmann modelliert Sozialisation als einen Prozess, der zusätzlich zu den ganz persönlichen Entwicklungen, auch zu dem, was die Bezugspersonen als wichtig erachten, eine »neue« Wirklichkeit hervorbringt, die als gemeinsame Lebensführung zu bezeichnen ist. Sozialisationsprozesse zielen stets darauf ab, Erfahrungsdifferenzen und Verhaltensunsicherheiten zu minimieren und gemeinsame Handlungsbezüge zu erarbeiten. Sozialisation bindet folglich die Akteure aneinander und befähigt sie, eigene Sozialbeziehungen aktiv mitzugestalten. Letztlich entsteht ein dialektisches Verhältnis zwischen Akteuren, Interaktion und Situation. (s. Grundmann 2006, 34ff)

Grundmann bezeichnet vor diesem Hintergrund Sozialisation als »voraussetzungsvolles und konsequenzenreiches Geschehen« (s. Grundmann 2006, 36): Die Notwendigkeit, Gemeinsames zu organisieren sich auf einen Minimalkonsens einzulassen kennzeichnet das Voraussetzungsreiche. Soziale Verortung wird durch scheinbare Selbstaufgabe als Konsequenz möglich. In diesem Prozess wird Identität erzeugt und Individualität ausgeprägt. Sozialisation ist soziale Praxis. (s. Grundmann 2006, 36)

Unterschiedliche Formen der sozialen Bezugnahme bringen sozialisatorische Praxis hervor, die soziale Handlungsfähigkeit über Selbstan-

9. Die Sprache der Erwachsenen gleicht sich phasenweise in der Kommunikation mit Säuglingen oder Kleinkindern den Lauten genauso an wie Kleinkinder die materielle Lautstruktur der Erwachsenen lernen. Hier findet ein wechselseitiger Prozess statt, der von allen Beteiligten getragen wird.

eignung der Akteure erzeugt. Diese Prozesshafte, das Einzelne in Beziehung zu den Mitmenschen setzt, bringt Erkenntnisse zum Verständnis seiner selbst. Darüber erwirbt das Individuum Verhaltensweisen, die es befähigen, am sozialen Leben teilzuhaben und an dessen Entwicklung mitzuwirken. (s. Grundmann 2006, 38) Gemeinsame Handlungsorientierungen konkretisieren sich über intersubjekte Handlungsstrukturen zu einer Orientierung, die gleichzeitig eine Erfahrung von Individualität hervorbringt (s. Grundmann 2006, 39).

Nachdem die soziale Handlungsfähigkeit aus der Sicht von eher zwei Individuen beleuchtet ist, gilt es diese Erkenntnis auf Bezugsgruppen zu übertragen. Hier macht Grundmann in Anlehnung an Fiske vier grundlegende Handlungsorientierungen, die sich in allen Kulturen finden lassen, fest:

1. Wertschätzung und Achtung von Bezugspersonen,
2. Haltung der Eltern gegenüber Kindern,
3. Interaktion und soziale Praxis in der Familie und
4. Erfahrungen aus unmittelbaren sozialen Umwelten.

(s. Grundmann 2006, 39f)

Diese Handlungsorientierungen über die soziale Bezugsgruppe gibt dem Begriff von Sozialisation eine weitere Facette: Sozialisation drückt sich im »(...) beabsichtigten oder unbeabsichtigten Zusammenwirken von Individuen, sozialen Gruppen und Institutionen aus (...), die zur sozialen Einbindung der Einzelnen und zum gemeinschaftlichen Wohlergehen beitragen.« (Grundmann 2006, 30)

Sozialisation setzt die Existenz zwischenmenschlicher Beziehungen sowie deren Willen zur Weiterentwicklung voraus. Dadurch wird der Einzelne zum Handeln und zum gemeinsamen Gestalten der Umwelt befähigt. (s. Grundmann 2006, 40)

Zusammenfassend lässt sich feststellen, dass sich die mehrstufige Definition von Sozialisation auf drei unterschiedlichen Ebenen des sozialen Lebens manifestiert:

1. personale Ebene (Ich-Bezug),
2. Ebene der sozialen Beziehungen (Wir-Bezug) und
3. Ebene sozialer Organisationen (Etablierung stabiler verlässlicher Beziehungen durch Mitgliedschaften, Solidarleistungen usw.). (s. Grundmann 2006, 41)

Über diese Definition der sozialen Ebenen macht Grundmann Manifestationen von Sozialisation und einen Prozess der Sozialisation deutlich. Prozess bedeutet, dass Akteure sich erfahren, darüber soziale Eingebundenheit erleben und sich damit über die Bezugsgruppe gesellschaftlich zuordnen können. (s. Grundmann 2006, 38)

»Im Zentrum der hier formulierten Definition stehen daher jene Sozialbeziehungen, die sich vor allem auf der Ebene der konkreten Interaktion zwischen Personen etablieren, in die dann persönlich Handlungsweisen und –dispositionen (personale Manifestationen) ebenso einfließen wie kulturelle Vorstellungen und gesellschaftliche Ressourcen der Lebensführung (soziale Manifestationen).« (Grundmann 2006, 41)

Abbildung 14 (Quelle: Grundmann 2006, 35)

Geiling, einer der Autoren der für diesen Zusammenhang herangezogenen Publikation »Soziale Milieus im gesellschaftlichen Strukturwandel. Zwischen Integration und Ausgrenzung« (Vester 2001) schreibt an anderer Stelle, dass sich neben den ökonomischen Dimensionen sozialer Ungleichheit die überwiegend vernachlässigte Lebensstilforschung, zu der die Milieuforschung gerechnet wird, etablierte. Die hannoversche Variante der Milieuforschung bezieht sich auf die Milieu- und Klassentheorie Bourdieus sowie die englischen Cultural Studies. Ein Unterschied des hannoverschen Forschungsansatzes zu anderen Milieutheorien ist, dass sie Milieuzugehörigkeit vom Habitus bzw. der Mentalität abhängig macht. Dauerhafte Lebensstrategien und Habitusmuster, mit denen die soziale Stellung von Subjekten generiert wird, stehen im Zentrum der Forschung. (s. Geiling 2005, 1) Das Modell für die Milieuforschung bezieht sich auf den sozialen Raum mit seinen Zonen sozialer Nähe und Distanz und ihren spezifischen Machtkonstellationen (s. Geiling 2005, 3).

Soziale Wahrnehmung basiert meist auf einem physisch präsenten oder geistig determinierten Ort. Diese Verortung ist subjektiv geprägt und bildet das Interpretationsschema für andere Milieus. (s. Vester et al 1001, 26) Vester et al betrachten in dem im Folgenden herangezogenen Abschnitt die Dimensionen des sozialen Raums in vertikaler und horizontaler Hinsicht.

Vertikal auf der Basis von drei gesellschaftlichen Stufen, die sich einerseits durch »Distinktion« (Vornehmheit, Auszeichnung) zwischen den oberen und mittleren Milieus und andererseits durch »Respektabilität« (Form von Rücksichtnahme) zwischen den mittleren und unteren Milieus ausdrücken. Die horizontalen Trennlinien zwischen den Milieus werden jeweils unterschiedlich interpretiert: Angehörige von Bildungsmilieus denken vielfach in Gegensatzpaaren (rational – irrational, kultiviert – unkultiviert, individuell – kollektiv usw.), um sich gegen die »Masse« abzugrenzen. Von »unten« gibt es gegenüber »denen da oben« Interpretationen Richtung Vorbild oder Dünkelei, Verbildung, Weltfremdheit usw. (s. Vester et al 2001, 26) Der Versuch der Statussicherheit, der damit angestrebt und eingenommen wird, sichert die »soziale Stellung« (s. Vester et al 2001, 27)

Der soziale Raum. Vertikale Struktur

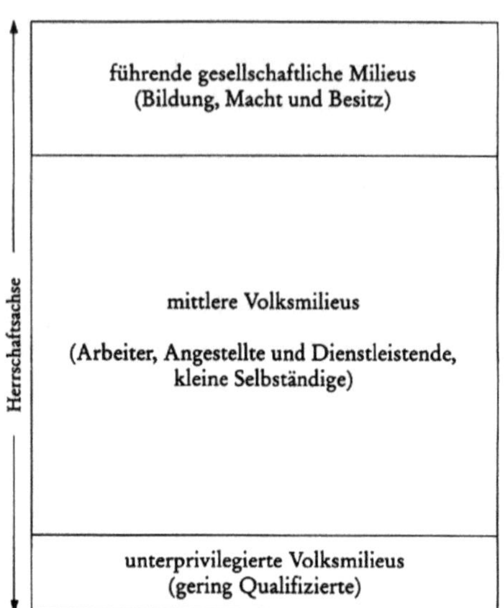

Abbildung 15 (Quelle: Vester et al 2001, 27)

Die horizontalen Trennungslinien, also Unterschiede von Kultur und Lebensführung innerhalb der und zwischen den Stufen, werden den Individuen meist weniger als die vertikalen deutlich. Der Unterschied zwischen den Klassifizierungen innerhalb der »führenden gesellschaftlichen Milieus« lässt sich in Gegensätzen verdeutlichen: progressiv – konservativ, traditionell – modern usw. Ein wesentlicher Bestandteil ist auch bspw. an der begrifflichen Füllung von Autorität festzumachen: Anerkenntis von Hierarchien, Positionierung von Eigenverantwortung. Andere Habitusstrukturen sind die Folge. Unterschiede zwischen den horizontalen Milieus lassen sich ebenfalls politisch benennen und bestimmen. Das Spektrum reicht von »Autoritarismus« (rechts) zu »Avangardismus« (links). (s. Vester et al 2001, 29)

In der horizontalen Differenzierungsachse lassen sich »oben« in der Herrschaftsachse (s. nächste Abbildung) grob »Avantgarde« (früher:

Schöne Künste), »humanistische und dienstleistende Elite-Milieus (früher: Bildungsbürger) von »wirtschaftlichen und hoheitlichen Elite-Milieus« (früher: Besitzbürger) unterscheiden. In der mittlere Ebene finden sich neben der »jugendkulturellen Avantgarde« »›respektable‹ Volksmilieus: Traditionslinien der Facharbeit und der praktischen Intelligenz« sowie »›respektable‹ Volksmilieus: ständisch-kleinbürgerliche Traditionslinie«. »Unten« stehen die »unterprivilegierten Volksmilieus (gering Qualifizierte)« (s. Vester et al 2001, 29ff)

Auf der oberen gesellschaftlichen Stufe gibt es die klassischen Gegensätze Bildung/Besitz sowie Geist/Macht. Die in der Mitte positionierten »respektablen Volksmilieus« fußen auf zwei »historischen Traditionslinien« und der davon abgegrenzten »Jugendkultur«. Der Gegensatz von Macht und Ohnmacht kennzeichnet die »unterprivilegierten Volksmilieus«. (s. Vester et al 2001, 31f)

Der soziale Raum. Horizontale Struktur

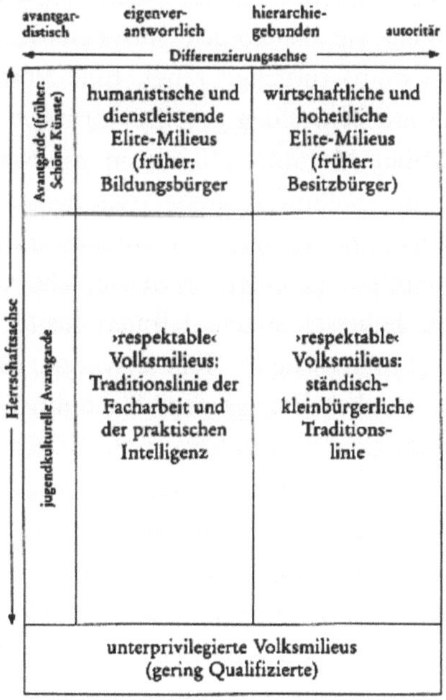

avantgardistisch — eigenverantwortlich — hierarchiegebunden — autoritär

← Differenzierungsachse →

↕ Herrschaftsachse

Avantgarde (früher: Schöne Künste)	humanistische und dienstleistende Elite-Milieus (früher: Bildungsbürger	wirtschaftliche und hoheitliche Elite-Milieus (früher: Besitzbürger)
jugendkulturelle Avantgarde	›respektable‹ Volksmilieus: Traditionslinie der Facharbeit und der praktischen Intelligenz	›respektable‹ Volksmilieus: ständisch-kleinbürgerliche Traditions-linie
unterprivilegierte Volksmilieus (gering Qualifizierte)		

Abbildung 16 (Quelle: Vester et al. 2001, 31)

Milieus sind weder zeitresistent noch in Phasen des gesellschaftlichen Wandels ausschließlich homogen, doch die großen Traditionslinien bleiben beständig. Generationen- und Elitenwechsel befördern nach Vester et al die Verästelung in Submilieus, deren Varianten jeweilige Mentalitätstypen mit ihrer äußeren sozialen Stellung hervorbringen. Im Rahmen der Traditionslinien bilden sich im Zeitverlauf Einzelmilieus heraus. Traditionslinien der Milieus lassen sich wie ein Familienstammbaum nachvollziehen, so dass zwar eine »Milieumobilität« entsteht, die andere Habitusformen zur Folge hat, doch keine »Habitus-Metamorphose« mit sich bringt. Eine völlig neue Mentalität entsteht nicht. (s. Vester et al 2001, 33ff)

Horizontale und vertikale Bewegungen sind geschichtlich durchaus bekannt; sie werden durch äußere Bedingungen, also den gesellschaftlichen Wandel, hervorgerufen. (s. Vester et al 2001, 35)

Die Typologie der Milieus in ihrer historischen Veränderung und Differenzierung sei für diesen Zusammenhang an den westdeutschen sozialen Milieus verdeutlicht.[10] In den Nachkriegsjahrzehnten wurden in den oberen Milieus die »Eliten des Obrigkeitsstaats« (Militär, autoritäres Unternehmertum) zurückgedrängt. Eine Ersetzung fand durch eine Rekrutierung aus demselben gesellschaftlichen Segment statt, so dass zwar eine Milieu-Mobilität mit einem gewissen Habituswandel stattfand, die die horizontale Trennung zwischen den Milieus jedoch nicht verschoben hat. Die »progressive Bildungselite«, bestehend aus der überdurchschnittlich gebildeten Oberschicht von Freiberuflern, Selbständigen, sehr hohen Beamten, definiert das Autorenkollektiv um Vester als ›elitäre Progressisten‹: Höhere Kultur, individuelle Selbstverwirklichung, kritisches Engagement für politische Gleichstellung und soziale Gerechtigkeit kennzeichnen sie. Einen anderen Teil des oberen Milieus bildet die moderne Dienstleistungselite, die aufgrund von Milieumobilität entstanden ist. Sie entstammen dem bildungsnahen Teil der Facharbeiter- und Angestelltenfamilien. Vorbehalte haben sie neben vielen Übereinstimmungen aufgrund ihrer Herkunft gegenüber

10. Weitere Darstellungen findet sich bei Vester et al in den Kapiteln 3.6, 13,14. (s. Vester et al 2001)

den anderen Eliten (Ablehnung von Selbstinszenierung, für einen ungezwungenen und toleranten Lebensstil usw.). (s. Vester et al 2001, 37f)

Die mittleren Milieus sind vornehmlich durch eine horizontale Milieumobilität gekennzeichnet. Einer der Gründe ist der Wandel ständischer Strukturen zu arbeitnehmerischem Interessenbewusstsein mit zunehmender Selbst- und Mitbestimmung. Die Fragen von Selbst- und Mitbestimmung wurden sehr stark durch die Studentenbewegung (68er) ausgelöst, die den »alten« Identitäten »neue« hinzufügten. (s. Vester et al 2001, 39f)

Die Traditionslinien von Facharbeitern und praktischer Intelligenz haben sich sehr stark modernisiert. Das »traditionelle Arbeitermilieu« schrumpfte zeitgleich. Die kleinbürgerliche Traditionslinie innerhalb des Arbeitnehmermilieus zählt wegen des Strukturwandels zu den gesellschaftlichen Verlierern und tendiert wegen der subjektiv erfahrenen Bedrohungslage politisch gen »rechts«. (s. Vester et al 2001, 40f)

Das »hedonistische Milieu« (jugendkulturelle Avantgarde) als Teil der mittleren Milieus, gehörte zu den recht kurzen Gewinnern des gesellschaftlichen Wandels. Ihre Ansprüche nach einem Leben mit Komfort lassen sich heute immer weniger verwirklichen, weil die materiellen Ressourcen für sie wegbrechen oder kaum mehr dafür vorhanden sind. Die Mitglieder wenden sich heute von der »großen Politik« ab, weil sie sich dort nicht repräsentiert fühlen. (s. Vester et al 2001, 42)

Die unterprivilegierten Milieus, gekennzeichnet durch geringe Qualifikation, die in der Nachkriegszeit durchaus Arbeit fanden, sind heute durch Auslagerungen von Produktionen wieder in den Teufelskreis von geringerer Qualifikation und geringen Aussichten zurückgefallen und von Resignation und teilweiser Anomie getragen. (s. Vester et al 2001, 43)

Die Grundlagen für die Individualisierungstheorie hat Beck mit seiner 1986 veröffentlichten »Risikogesellschaft« gelegt (Beck 1986). Ziel und Inhalt des Buches ist die Vergesellschaftung von Risiken und die zeitgleich sukzessiv erfolgende Herauslösung der Menschen aus tradierten Lebenszusammenhängen. Das Buch »Weltrisikogesellschaft« (Beck 2007) bildet eine Art von Bilanzierung der 1986 geschriebenen Risikogesellschaft. Beck lotet – so der Klappentext – konstruktive sowie destruktive Potentiale der Weltrisikogesellschaft aus.

Für die Analyse von Generationenbeziehungen und Individualisierung befasse ich mich zunächst kurz mit einer Passage aus der »Risikogesellschaft« zur »Bewußtwerdung der Ungleichheiten: Wahlmöglichkeiten und –zwänge« (Beck 1986, 189-204), um einen Hintergrund für den Ausschnitt »Wissen oder Nichtwissen? Zwei Perspektiven reflexiver ›Modernisierung‹« zu legen (Beck 2007, 211-233).

Tatsächliche Ungleichheiten mit ihren Bedingungen und Ursachen sind nach ihrer Existenz und ihrer Existenz mit Bewusstwerdung zu unterscheiden. Beck zieht in dem herangezogenen Ausschnitt die Bedingungen der Bewusstwerdung aus geschlechtsspezifischer Sicht heran. (s. Beck 1986, 189f) Traditionell getragene Ungleichheiten der Geschlechter werden auf der Ebene der Wahrnehmung latent durch ein »anything goes« abgelöst. Darüber brechen in den Biographien von Frauen und Männern Wahlmöglichkeiten und Wahlzwänge auf. Immer mehr Bereiche des alltäglichen Seins fallen Aushandlungsprozessen anheim. Dies geschieht genauso in der (familiären) Beziehungsgestaltung als auch generell in der Produktions- und Reproduktionssphäre. Vieles was in der traditionalen Gesellschaft noch tabuisiert war, wird aufkündbar, ist aber gleichzeitig legitimationsabhängig. Entscheidung wird zum MUSS: *»Die Möglichkeit der Nichtentscheidung wird der Tendenz nach unmöglich.«* (Beck 1986, 190)

Konflikte und Lösungsbemühungen stehen an, doch gibt es für deren Bewältigung keine anerkannten Wege. An die Stelle von tradierten Werten tritt als Wert das Aushandeln mit Entscheidungszwang. Dies wird besonders brisant, wenn das im gesellschaftlichen Zentrum stehende »Wirtschaftssubjekt Individuum« in emotionalen Zweifeln verhangen ist. Berufliche Entscheidungen sind rational zu treffen, emotional aber mit unbekannten Verlusten konnotiert. Partnerschaften und berufliches Sein sind oft schwer für alle Beteiligten lebbar. Wer gibt den Ort vor? Was passiert mit den Kindern? Ökonomische Selbständigkeit und Sicherheit sind von Individuen unter einen Hut zu bringen. Das Sozialsystem fokussiert das erwerbsarbeitende Subjekt. (s. Beck 1986, 191f) Die Organisation des Alltags verbleibt den Partnerschaften. »Mit einer gewissen Zwangsläufigkeit wird alles, was von außen – vom Arbeitsmarkt, Beschäftigungssystem, Recht usw. – in die Familie hineinschlägt, ins Persönliche verdreht und verkürzt.« (Beck 1986, 192f) Soziale Begleitsysteme (Sozialpolitik und in der Folge Soziale Arbeit) werden den vielfältigen individuellen Konstellationen (noch) nicht gerecht. Subjekte sehen sich in ihren kulturellen Werten und Lebensbedingungen bedroht oder teilweise gar angeprangert (s. Beck 1986, 195).

Die für meinen Buchzusammenhang entscheidende Becksche Bindungslinie zwischen »Risikogesellschaft« und »Weltrisikogesellschaft« bezieht sich auf das durch die Unübersichtlichkeit entstehende Wissen oder Nichtwissen, denn »Leben in der Weltrisikogesellschaft heißt mit unüberwindlichem Nichtwissen leben (…).« (Beck 2007, 211)

Den Terminus Wissensgesellschaft bezeichnet Beck als »Euphemismus der ersten Moderne«. Denn Nichtwissen regiert mit unbekannten Antworten auf Fragen. Wissen begreift Beck im soziologischen Zusammenhang als »Wissen als Erwartung«, als »soziale Attribution und Konstruktion« (s. Beck 2007, 211). Die gedankliche Figur des Nichtwissens gabelt sich in ›gewusstes und nicht-gewusstes Nicht-Wissen-Können‹. Die Folgen des Super-Gaus von Tschernobyl in medizinischer, sozialer, politischer und naturbezogener Hinsicht evozieren Nicht-Wissen. Der Mensch wird aufgrund solcher komplexer Zusammenhänge seiner Urteilskraft beraubt. Verständnisorientierte Verallgemeinerungen sind für die eine Person spekulativ, für die andere »Wahrheit«. »Nichtwissen etabliert sich als Wissen.« (s. Beck 2001, 213) Selbst Statistiken mit ihren eigentlich unfehlbaren Einschätzungen werden immer mehr von Nichtwissen dominiert. Die Politik zitiert verschiedene Quelle des Wissens und bewegt sich dabei im Nichtwissen. Die Wissenschaft arbeitet immer mehr mit Wahrscheinlichkeitsrechnungen. Die Verbindung von Nichtwissen und Bedrohung durchzieht Individuen wie Politik und Wirtschaft. Beck stellt sich in diesem Zusammenhang die Frage nach den Grenzen zwischen angemessener Sorge, handlungslähmender Angst und Hysterie. (s. Beck 2007, 215) Ein Entscheidungsparadox entsteht, wenn Gefahr und Nichtwissen steigen und gleichzeitig Entscheidungen nötig – aber unmöglich – sind.[11]

Der Unterschied zu älteren Diskussion um Wissen ist, dass Beck das tradierte »Noch-nicht-Wissen« vom ungewussten oder unerkannten Nichtwissen im Sinne eines »Nicht-Wissen-Könnens« abgrenzt. Er nennt es »nichtintendiertes Nicht-Wissen-Können« und fragt sich (in Anlehnung an van den Daele) nach der Handlungsmaxime für eine verantwortlich tolerierbare Mischung aus Kontrolle und Zufall. (s. Beck 2007, 216) Den Terrorismus um Al-Qaida weist Beck der Sphäre des organisierten Nichtwissens zu: Die Wahrscheinlichkeit von terroristischen Anschlägen zwischen tatsächlicher Katastrophe und globalisierter Erwartung der Katastrophe basiert auf organisiert gewussten Nichtwissen.

»Normale Katastrophen kann man kompensieren, größtmögliche Katastrophen nicht. Sie müssen verhindert werden. An die Stelle des Kompensationsprinzips tritt das Prinzip der Vorsorge.« (Beck 2007, 217)

Kompensation und Vorsorge sind grundverschieden. Kompensation fußt auf handwerklicher Kunst des Mathematischen mit Möglichkeits- und Wahrscheinlichkeitsprognosen. Vorsorge im globalen Maßstab bedeutet fiktive Vermutungen, Hypothesen oder Phantasien zu entwickeln, weil es keine Erfahrung gibt. So entsteht auch die Gefahr, dass die Maßnahmen, die zur Vorsorge der Risiken entwickelt werden, die eigentlichen Risiken darstellen.[12] (s. Beck 2007, 218f)

11. Erwähnt seien hier beispielhaft Vogelgrippe und Aids mit ihren Glaubens- und Wissensanteilen.

12.Beck bezeichnet den Irak-Krieg als diesbezügliches »Schulbeispiel«: Ein Krieg gegen den Terrorismus hat den Irak zum »Tummelplatz für Terroristen« werden lassen (s. Beck 2007, 218).

Im Folgenden befasst sich Beck mit der Frage nach der Konstruktion von Wissen und Nichtwissen, was in deren Folge anerkannt, in Frage gestellt, geleugnet, behauptet oder ausgrenzt wird (s. Beck 2007, 219).

Zugespitzt formuliert Beck Wissen folgendermaßen: *»Nicht Wissen, sondern – mehr oder minder reflexives – Nichtwissen ist das »Medium« reflexiver Modernisierung.«*[13] (Beck 2007, 224) Diesen noch thesenhaften Definitionsansatz entfaltet er im Folgenden in drei Schritten:

1. Nichtwissen als Leugnung,
2. Lineare und nicht-lineare Wissenstheorien und
3. Typologie des Nichtwissens.

Zu 1.: Nichtwissen als Leugnung

Zunächst ersetzt Beck die Begriffe »Reflektion« (Wissen) und »Reflexivität« (Nebenfolgen) durch »Wissen« und »Nichtwissen« (Beck 2007, 224). Er verwehrt sich insbesondere in Anbetracht des Begriffs »Nichtwissen« gegen eine eindeutige Bestimmung, nämlich, dass Wissen und Nichtwissen gegeneinander abgrenzbar seien. Diese Expertenrationalität klassischer Prägung lehnt er ab, denn Selbstinfragestellung des Expertenwissens wird damit nicht erfasst und vor allem wird Nichtwissen vor dem Hintergrund der Moderne als Makel gesehen.[14] (s. Beck 2007, 226f)

Zu 2.: Lineare und nicht-lineare Wissenstheorien

Eine Unterscheidung zwischen linearen und nicht-linearen Wissenstheorien »reflexiver« Modernisierung erweitert vor dem Dilemma, nichts mehr beurteilen zu können, mögliche Handlungsoptionen.

Lineare Theorien gehen davon aus, dass Nicht-Wissen für die reflexive Modernisierung nicht relevant sei. Bei nicht-linearen Theorien

13. Beck nimmt in dem Abschnitt »2. Perspektiven ›reflexiver Modernisierung‹« die Theorien von Giddens und Lash auf und diskutiert daran seine andere begriffliche Füllung. Dieser Zusammenhang wird hier zugunsten der Darstellung der Beckschen Termini vernachlässigt. (s. zu Giddens/Lash: Beck 2007, 218ff)

14. Bei einer ersten Betrachtung von »Nichtwissen« in der Theorie der reflexiven Moderne könnte die Konsequenz gezogen werden, dass nichts mehr beurteilbar sei: Weder Protagonisten noch Pessimisten wären in der Lage, wissensbasierte Gründe zu liefern. Nicht-Handeln dürfte eine Denk-Folge sein. (s. Beck 2007, 227f)

entsteht das Gegenteil: Nichtwissen als Schlüsselproblem. Einem mehr oder weniger geschlossenen Feld von »Experten-Monopolen« (lineare Wissenstheorien) steht ein multiples Feld konfliktvoll agierender Wissensakteure von »Palaver-Akteuren« (nicht-lineare Wissenstheorien) gegenüber. (s. Beck 2007, 228)

Die Grundlagen der Monorationalität (ökonomisch, technisch, politisch usw.), die die lineare Modernisierung (z.B. auch der Systemtheorie) prägen, stoßen an unüberwindliche Hürden. Der Übergang in die Zweite Moderne wird durch diese Begrenzung eingeleitet. Eigenes Nicht-Wissen-Können und Sich-Hineinversetzen-Können in »fremde Rationalitäten« mit der Neu-Schaffung von zivilisatorischen (Selbst-) Unsicherheiten eröffnet nach Beck die allgemeine Frage nach Gegensätzen und Unterschieden »gewussten Nichtwissens«. (s. Beck 2007, 229f)

Zu 3. Typologie des Nichtwissens

Vermutungen lassen sich je nach Herkunft und Glaubwürdigkeit im modernen monorationalen Denken auf einer Skala zwischen Nichtwissen und Wissen klassifizieren. Von dieser Form des Nichtwissens ist nach Beck das Nicht-Wissen-Wollen und das reflektierte Nichtwissen zu unterscheiden. Reflektiertes Nichtwissen bedeutet, dass man weiß, was man nicht weiß. Wissen und Nichtwissen sind wissentlich geschieden. (s. Beck 2007, 230)

Daraus lässt sich folgern, dass »Zonen des gewussten Nicht-Wissen-Könnens entstehen« (Beck), die sich heute schwer bewerten lassen. Davon abzugrenzen ist allerdings das nicht-gewusste Nichtwissen, das auf dem begrenzten Horizont von Individuen existiert. Die Figur des nicht-gewussten Nicht-Wissen-Könnens ist nach Beck als »unbekannte Unbekannte« mit einem inhärenten Überraschungsmoment davon zu unterscheiden. (Beck 2007, 213)

Aus den unterschiedlichen Klassifizierungen des Nichtwissens ergeben sich differente Nebenfolgen. Da Nebenfolgen von Subjekten, Praktiken und auch Institutionen produziert werden, gewinnen sie in der gesellschaftlichen Alltäglichkeit entsprechend ihrer Anlage bzw. Verwendung unterschiedliche Brisanz. Aktives Nicht-Wissen-Wollen (z.B. gegenüber dem Waldsterben) kann aufgrund anderer Nicht-Wissens-Kategorien-TrägerInnen kritische Handlungsdynamiken zur Folge haben. Der sozialen Konstruktion und der soziologischen Rekonstruktion von Gefährdungs- oder Zerstörungsindikatoren wird in diesem Prozess der »objektive« oder »subjektive« Gehalt zugewiesen, der in der reflexiven Wissenschaft Bestandteil des Kategorisierens von Nicht-Wissen sein sollte. (s. Beck 2007, 232f)

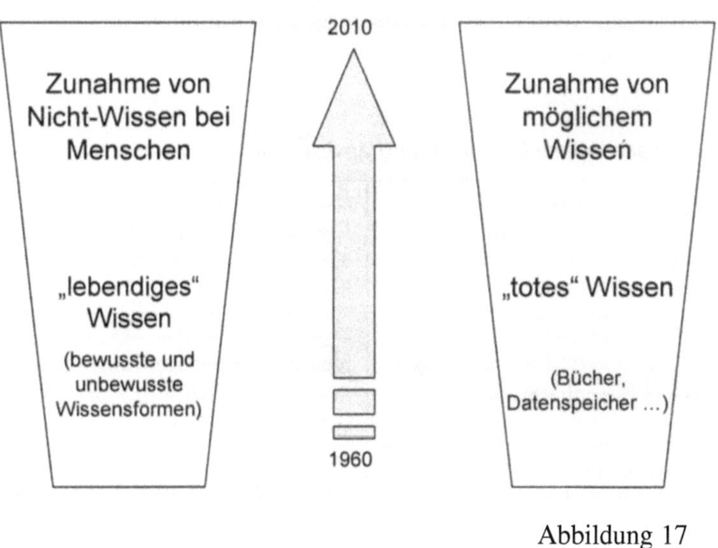

Abbildung 17

Identitätsforschung

Die schon erwähnte »Sprachkrise«, die Anfang des 20. Jahrhunderts zu einer Sprachlosigkeit führte, kennzeichnet auch in etwa den Beginn des Wandels von Identitätsfindung und -theorie. Mit dem Übergang von der Moderne zur Post- oder Zweiten Moderne gibt es nicht mehr **die** (lokal bzw. regional geprägte) basale Identität. Aus Identität wird sukzessiv Identitätsarbeit für das Individuum.

Dieser kurze Anriss steckt das Feld für die »Auswirkungen der gesellschaftlichen Veränderung auf die Identitätstheorie« von Keupp u.a. ab (s. Keupp u.a. 2006, 63ff). Das Autorenteam widmet sich den Veränderungen der Identitätskonstruktionen in komplexen Bedingungsgefügen. Die etablierte Abgrenzung von personaler Identität von einer Identität, zu Mitgliedschaft in sozialen Gruppen und zu sozialen Großsystemen/Gesellschaft/Nation vergegenwärtig das Problem getrennter Diskurse, die letztendlich die Identitätsfrage wegen eingeengter Blickwinkel entschärfen und sie damit banalisieren.[15] (s. Keupp u.a. 2006, 63)

Dem setzen Keupp u.a. fünf Diskursebenen mit ihren Spannungsfeldern entgegen:

Fünf Spannungsfelder der Identitätsdiskussion

Anthropologische Konstante Die Identitätsfrage ist zeitlos.	*Frage der Moderne* Die Identitätsfrage ist ein Problem der gesellschaftlichen Moderne.
Derselbe bleiben Identität bezeichnet ein So-sein, etwas Wesenhaftes.	*Sich selber finden* Identität ist bezogen auf einen Such- und Entwicklungsprozeß, auf ein Sich-selbst-Finden.
Gefährliche Vielfalt Identität braucht Kohärenz und Kontinuität.	*Vielfalt als Chance* Erst Vielfalt des Selbsterlebens macht Kohärenz und Identität möglich.
Personaler Fokus Identität meint die Singularität .	*Soziale Konstruktion* Identität und Alterität sind untrennbar verbunden.
Basale Identität Identität beruht auf basalen innerpsychischen Prozessen, einem Identitätsgefühl.	*Narrative Identität* Identität ist sozial konstruiert. Das Medium der Konstruktion ist Sprache. Die Strukturierung geschieht erzählend, narrativ.

Abbildung 18 (Quelle: Keupp u.a. 2006, 69)

Das erste Spannungsfeld zielt auf die Aktualität der Identitätsdiskussion ab. Identität wird seit der Antike diskutiert und stellt daher als Thema wahrlich nichts Neues dar. Historische Entwicklungslinien sind zum Verständnis wichtig, doch gilt es, das jeweils Spezifische einzelner Epochen herauszuarbeiten, um das aktuell Neue in einer Kontinuität, aber nicht als Bekanntes zu verstehen. (s. Keupp u.a. 2006, 64f)

Das zweite Spannungsfeld umschließt die Frage nach dem »Sein und Werden«. Identität lässt sich statisch oder entwicklungsspezifisch betrachten. Unter statischen Gesichtspunkten umschließt Identität einen Zustand bzw. ein Resultat, stellt einen abgeschlossenen Prozess, der beispielsweise altersspezifisch bestimmbar ist, dar. Das Prozesshafte hingegen bestimmt Identität als etwas Offenes im Sinne biographischer Verortung in Zeit, Raum und Gesellschaft. Sein und Werden bilden ein Bedingungsgefüge. (s. Keupp u.a. 2006, 65f)

Das dritte Spannungsfeld erfasst die psychische Einheit oder Spaltung, also Kohärenz und Dissoziation. Letztlich dreht es sich um das menschliche Austarieren zwischen »Vielfalt an Erfahrung« und »Einheit des Erlebens«. Hierbei stehen theoretisch zwei verschiedene Identitätstheorien nebeneinander: Die, die Identität als nie endende Konstruktionsleistung sehen sowie die, die sich auf einen Identitätskern stützen. Keupp u.a. verdeutlichen dieses Spannungsverhältnis anhand der Rollentheorie mit ihren Rollensätzen. Menschen können verschiedene Rollen übernehmen, stellen sich in ihnen auch sehr different dar. Setzt aber das jeweilige Handeln in einer Rolle einen Identitätskern voraus oder ist es das Handeln über soziale Rollen austarierbar? (s. Keupp u.a. 2006, 66f)

Das vierte Spannungsfeld ist ebenfalls kontextabhängig. Es nimmt die Spannung zwischen Autonomie und sozialer Anerkennung auf (Identität versus Alterität). Soziale Zusammenhänge (Herkunftsfamilie, Geschlechtsrolle, Nation) sind insbesondere in historischer Sicht von Interesse, doch wie z.B. der »Konsensvorrat« über die Geschlechtsrol-

15. Der Nachvollzug des Textes von Keupp u.a. (Keupp u.a. 2006) bezieht sich auf den »roten Faden« der Argumentation, wobei die Darlegungen der divergenten wissenschaftlichen Positionen zugunsten von deren Synthetisierung vernachlässigt werden.

len bröckelt, so werden heute viele Rollen nicht mehr einfach übernommen, sondern konstruiert. In deren Folge muss das Verhältnis von personaler zu sozialer Identität neu durchdacht werden. (s. Keupp u.a. 2006, 67f)

Das fünfte Spannungsfeld bezieht sich auf dieses Verhältnis von »Identität als Substanz« oder »Identität als diskursiver Konstruktion«. Keupp u.a. benennen dieses Verhältnis auch zwischen »tief empfunden« und »erzählt«. Zwei Konzepte von Identitätsfindung stehen sich hier gegenüber:

1. Es gibt einen inneren »wesenhaften Prozess« (»tief empfunden«).
2. Das Wesen der Identitätsentwicklung bezieht sich auf eine diskursive Konstruktionsarbeit (»Ich erzähle mich anderen, also bin ich.«).

Diese fünf Spannungsfelder der Identitätskonstruktion lassen nur »dialektische Schlüsse« zu:

»Identität ist ein ewiges und universelles Problem sowohl des Alltagsmenschen wie auch der diesen Alltag relektierenden Wissenschaft. Identität ist sowohl der Name für den Lösungsprozess des gleichnamigen Problems wie auch der Name für die temporären Lösungen des Problems.« (Keupp u.a. 2006, 70)

Dieses dialektische Verhältnis bildet die Ausgangsüberlegung für das weitere Vorgehen des Autorenteams zur Frage der Aktualität krisenhafter Identität. In der Vormoderne hatte Identität die Funktion von festgelegten Rollen und das Einfügen in Traditionen und Mythen, die das gesellschaftliche Gefüge bildeten. »Identität« wurde eigentlich erst richtig bekannt, als »personale Identität« massenhaft zum Problem wurde.[16] Fixen sozialen Rollen der Vormoderne stehen wähl- und veränderbare Identitäten gegenüber. Aus der Freisetzung von Subjektivität ergibt sich ein janusköpfiges Gefüge, das sich zwischen Befreiung und Entwurzelung oder Chance und Bürde bewegt.

Der Konstruierbarkeit von Identität sollte daran gemessen werden, wie sehr die eigene Identität in der Gesellschaft von den Individuen

16. Keupp u.a. beziehen sich in diesem Zusammenhang auf Kellner und Baumann. (Keupp u.a. 2006, 70f)

gelebt und verstanden, inwiefern sie als Frage der tatsächlichen Wahl gedacht und in welcher Radikalität sie verstanden wird. Ein weiteres Kriterium bezieht sich auf die Stabilität und Festschreibung von Identität. Welche Festlegungen gibt es oder handelt es sich um einen grundsätzlich offenen Identitätsumbau? (Keupp u.a. 2006, 72)

Seit den 70er Jahren des 20. Jahrhundert ist Identität als Einfädelung in Gesellschaft zu einer nicht enden wollenden Aufgabe geworden. Mit dem Ende der Adoleszenz findet – wie zuvor – keine Festlegung sozialer Zugehörigkeit mehr statt. Das Individuum ist zu einem »unternehmerischen Selbst«, einem »enterprising self«, also einem eigenen Wirtschaftsunternehmen geworden. Dieser Freisetzungsprozess bedarf vieler psychischer und sozialer Voraussetzungen, um sich in verschiedenen Realitäten, Toleranzen und Ambiguitäten bewegen zu können. Individualisierung heißt unter Anerkennung durch andere anerkannt zu werden, um im sozialen, intellektuellen und beruflichen Bereich bestehen zu können. (s. Keupp u.a. 2006, 74)

Aus psychologischer Sicht bedeuten diese sehr unterschiedlichen Lebenskontexte, möglichen Teilidentitäten in einzelnen Lebenswelten nachzugehen. (s. Keupp 2006, 75f) Damit findet ein Paradigmenwechsel von einem »embedding« zu einem »offenen Prozess« der Identitätsfindung statt: »Vom Identitätsergebnis zum Identitätsprozess«. (Keupp u.a. 2006, 80)[17] Identitätsarbeit bildet folglich einen lebenslangen offenen Prozess, der aber obendrein von zeitlichen Verschiebungen getragen ist, denn gesellschaftliche Realität ändert sich schneller als die subjektiv erfahrene. Subjekte verfolgen mit einer zeitlichen Divergenz Identitätsstrategien, um ihre Projekte zu realisieren. Entwicklungspsychologisch gesehen handelt es sich um eine Prozessorientierung, die allerdings »nur« durch die Offenheit des Prozesses gegenüber früheren Prozessen anders ist. (s. Keupp 2006, 84) Diese »Offenheit« wird in verschiedenen Theoriegebäuden unterschiedlich gewertet. Das eine Modell geht davon aus, dass ein Gleichgewicht immer wieder neu hergestellt werden muss, was bedeutet, dass Außeneinflüsse als

17. Das Autorenteam leitet wissenschaftlich sehr exakt diesen Prozess über Erikson, Krappmann, Marcia et al her. (s. Keupp u.a. 2006, 76ff)

bekannt und beherrschbar eingeschätzt werden. Das andere Modell begreift Identität nicht mehr als ein »gesichertes Endergebnis«, sondern als einen »passageren Identitätszustand« zwischen Innen- und Außenwelt. (Keupp 2006, 85f)

Ist es unter diesen Bedingungen überhaupt möglich, sich in der Einheit einer Person zu erfahren? Selbst die Kernbestände unserer Identitätskonstruktionen sind am Wegschmelzen (nationale, ethnische, Geschlechts-, Körperidentität). Sie sind nunmehr relationale soziale Konstruktionen zwischen Gruppen. (s. Keupp 2006, 87ff) Trotz vieler Verflüssigungen von ehemals Statischem ist die Frage nach Kohärenz, also identifikationsstiftenden Bindungspotentialen, eine Konstruktionsaufgabe, um nicht psychischen Fragmentierungen anheim zu fallen. (s. Keupp 2006, 94) Identität lässt sich damit als soziale Konstruktion durch die Einheit der Person über eine Vielfalt von Rollen fassen. Das Subjekt muss sich sozial integrieren, interaktionsfähig sein und »selbst« sein, weil es sonst nur ein »Abziehbild« von Rollen wäre. Damit geht Identität nicht in einzelnen Rollen auf, sondern entwickelt sich in Spannung zu ihnen. (s. Keupp 2006, 96)

Die wissenschaftliche Aufnahme von Identität und Identitätsentwicklung gelingt nur, wenn ein Instrumentarium angewandt wird, das die Heterogenität der Selbsterfahrung abbildet und nicht vorschnell Kohärenzen erzwingt und darüber die Besonderheiten lebensweltlicher Erfahrungsbereiche einbezieht. (s. Keupp 2006, 108f)

Theorie des Sozialen Raums

Bereits bei Vester et al zur Milieuforschung finden sich Hinweise zu Bourdieus Forschungen zum Habitus und Sozialen Raum. Der Abschnitt zum »Verstehen«, der für diesen Buchzusammenhang primär herangezogen wird, bildet einen kleinen Ausschnitt zur Bourdieuschen Gesellschaftsforschung.[18] Das Buch von Bourdieu et al heißt das

18. Bourdieu 1997, S. 799-822

»Elend der Welt« und trägt den Untertitel »Zeugnisse und Diagnosen alltäglichen Leidens an der Gesellschaft« (s. Bourdieu et al 1997).

»Um zu verstehen, was sich an Orten ereignet, die wie ›Städte‹ oder ›Großräume‹ und zahlreiche schulische Einrichtungen Menschen, die alles trennt, zusammenbringen, die sie zwingen, miteinander zu leben, sei es in gegenseitiger Unkenntnis oder wechselseitigem Unverständnis, sei es in latentem oder offen erklärtem Konflikt, samt aller daraus resultierenden Leiden, ist es unzureichend, alle einzelnen Standpunkte isoliert zu erklären. Sie müssen, wie in der Realität selbst, miteinander konfrontiert werden, nicht um sie im Wechselspiel der endlos sich kreuzenden Bilder zu relativieren, sondern ganz im Gegenteil um durch den schlichten Effekt des Nebeneinanderstellens sichtbar zu machen, was aus der Konfrontation der unterschiedlichen oder gegensätzlichen Weltsichten hervorgeht, d.h. in bestimmten Fällen, die Tragik, die aus dem konzessions- wie kompromißlosen Zusammenprall unvereinbarer, weil gleicherweise in der sozialen Vernunft begründeter Standpunkte erwächst.« (Bourdieu et al 1997, 17)

Der Raum für soziale Interaktion, der soziale Mikrokosmen – wie Büros, Werkstätten, Kleinunternehmen, Nachbarschaften etc. – betrifft, verändert die Erfahrung der im sozialen Makrokosmos eingenommenen Position. Die Perspektive in den Grenzen der Mikrokosmen erscheint auf den ersten Blick als gänzlich relativ, völlig irreal, ist aber dennoch charakteristisch für die soziale Ordnung. Sie ergibt Besonderheiten für einen Standpunkt. (Bourdieu et al. 1997, 18f) Das Team um Bourdieu versucht auf diese Weise den »Verelendeten« eine möglichst authentische Stimme zu geben. Eine Sichtweise, die in der regierungsoffiziellen oder mainstreamökonomischen Beschreibung oder auch Konstruktion des Sozialen fehlt.

Der im Folgenden transparent zu machende Abschnitt »Verstehen«, den Bourdieu selbst verfasst hat, folgt nach Ansicht des Autors nicht der Absicht auf theoretische Reflexionen zu Kommunikation einzugehen. Ziel ist, Konstruktions- und Verstehensarbeit von Menschen über Interviews nachzuvollziehen. (s. Bourdieu 1997, 780f) Mögliche Verzerrungen in der Befragungsbeziehung sollen erkannt und kontrolliert werden. »Reflexartige Reflexivität«, die auf dem »soziologischen« Auge beruht, lässt die Effekte der gesellschaftlichen Struktur wahrnehmen und kontrollieren (Bourdieu 1997, 780). Was heißt das? Soziologisches Denken bedeutet allgemein, mit Vorverständnissen oder Verständnissen von Menschen zu arbeiten. Dieses wäre unmöglich, wenn Soziologen nicht ebenfalls an ihren (wissenschaftlichen) Vorverständnissen arbeiteten. Andernfalls hieße es, eigene Konstruktionsakte und in der Folge deren Effekte unhinterfragt zu lassen.[19]

Eine »gewaltfreie Kommunikation« bedeutet den Versuch, Effekte, die ein Eindringen und Sich-Einmischen in die Welt der Befragten mit sich führt, sich bewusst zu machen, damit die Situation für den Befragten überhaupt nachvollziehbar wird. Es geht um den Eindruck des Interviewers, welches Gefälle zwischen dem Gegenstand der Umfrage, dem Befragten und der eigenen Position herrscht, um darüber Verzerrungen zu verringern, zu mindern oder überhaupt erst verstehen zu können. (s. Bourdieu 1997, 781) Die »Zensur« des Interviewers gegenüber den Aussagen der Befragten, also Diskursebenen zu öffnen oder zu schließen, soll auf diese Weise zumindest bewusst werden, denn es ist der »(…) Interviewer, der das Spiel beginnt und die Spielregeln bestimmt (…).« (Bourdieu 1997, 781)

Die gesellschaftliche Asymmetrie bzw. Hierarchie, die sich aufgrund unterschiedlicher (kultureller) Kapitalien zwischen Befragern und Befragten ergibt, die sich über symbolische Gewalt zeigt, soll soweit wie irgend möglich reduziert werden. (s. Bourdieu 1997, 783)

Eine besondere Bedeutung kommt in diesem Zusammenhang dem Sprachniveau (nicht wertend gemeint) sowie allen verbalen und nichtverbalen Signalen zu. Ebenso schafft die Struktur der Beziehung sogenannte »Push- oder Pullfaktoren«, die in der Regel über unterschiedliche kulturelle Hintergründe geprägt sind.[20] Da es Bourdieu um Antworten, die »den Namen auch verdienen« (Bourdieu), geht, hat er sich – als eine Variante – dafür entschieden, den Befragten die Möglichkeit

19. Bourdieu kritisiert in diesem Zusammenhang, dass sowohl in quantitative als auch qualitative Methoden soziologischen Arbeitens gesellschaftliche Strukturen durch die Forscher einfließen, die subjektivistische Weltsichten transportieren, ohne sie zu erheben und zu analysieren. (s. insb. Bourdieu 1997, Fußnote 2, 780)
20. An dieser Stelle sei – neben Bourdieu selbst – auf die Milieuforschung von Vester et al verwiesen (s. »2. Milieuforschung« in diesem Buch).

einzuräumen, ihre Interviewpartner unter ihren Bekannten selbst auszuwählen.[21]

Dieser Effekt bedeutet, dass

1. eine gesellschaftliche Nähe besteht, so dass subjektive Beweggründe nicht scheinbar vorgefertigten Determinismen untergeordnet werden und
2. ein Einvernehmen über Vorverständnisse zu den Inhalten und Formen der Kommunikation besteht. (s. Bourdieu 1997, 783)

Dieses Vorgehen selbst hat trotz wesentlich höherer Vertrautheit Grenzen, weshalb vom Forscherteam um Bourdieu die Personen, die Befragungen durchführten, in den Befragungstechniken ausgebildet wurden. Dennoch sind auch so nicht alle Effekte der kulturellen Asymmetrien zu vermeiden. Darüber hinaus muss der zu untersuchende Diskurs so wissenschaftlich konstruiert werden, dass er »(...) die nötigen Elemente für seine eigene Erklärung liefert.« (Bourdieu 1997, 785)

Der klassischere Weg, dass sich Forscher intensiv auf Interviews vorbereiten, wird von Bourdieu nicht verworfen, sondern »nur« relativiert. Wenn sich der Forscher in einen permanenten Prozess von Konstruktionsarbeit »reflexartiger Reflexivität« begibt, also sich – wie schon erwähnt – eigene alltagsweltliche oder wissenschaftsspezifische Interpretationen verdeutlicht und darüber in ein Stadium »künstlichen Verständnisses« versetzen kann, kann auch der Forscher erfolgreich sein. »Künstliches Verständnis«[22] bedeutet für den Interviewer, sich gedanklich in etwas hinein zu versetzen, ohne so zu tun, als ob zwischen ihm und dem Befragten keine soziale Distanz bestünde. »Verstehen und Erklären bilden eine Einheit.« (Bourdieu 1997, 786) Die Einheit von »Verstehen und Erklären« kann aber dem Forscher nur dann

21. An anderer Stelle macht Bourdieu deutlich, dass es auch bei entsprechender Vorbereitung für andere Interviewer – trotz des erwähnten kulturellen Gefälles – möglich ist, die soziale Distanz weitestgehend zu überwinden. Soziale Aufrichtigkeit, Vertrauensverhältnis sind neben den anderen Faktoren die Schlüssel für eine gelingende Kommunikation. (s. Bourdieu 1997, 785)

22. Bourdieu nennt diese »geistige Übung« »über die Selbstvergessenheit zu einer wahren Konversion des Blickes zu gelangen.« (Bourdieu 1997, 788)

annähernd gelingen, wenn er in dreierlei Hinsicht ein enormes Wissen hat:

1. »lebendiges« Wissen über direkte Erfahrungen,
2. »totes« Wissen über z.B. Literatur sowie
3. beide Wissensformen als Grundlage für »reflexartige Reflexivität«, die erst die Konstruktionsarbeit »Verstehen« ermöglicht.

Nur die Kombination beider Wissensspeicher erlaubt es, Vorabwissen mit theoretischen und praktischen Anteilen zu vereinen, um für die konkrete Interaktion Nähe und Vertrautheit mit einer »hingebungsvollen Offenheit« zu erreichen. (s. Bourdieu 1997, 787)

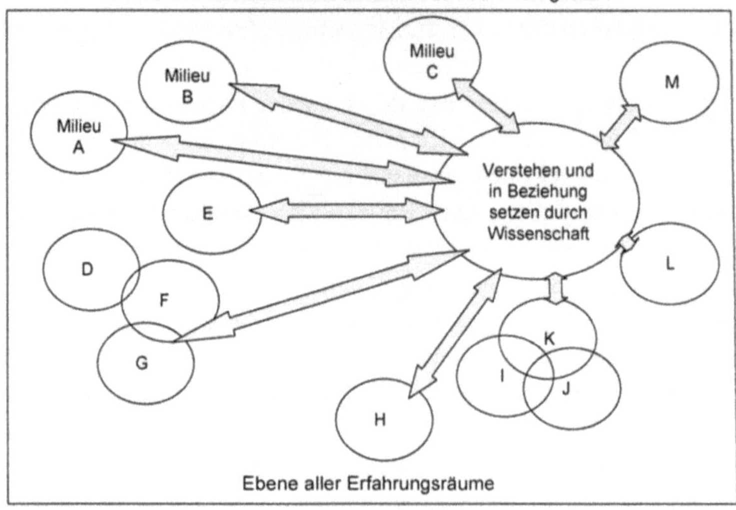

Abbildung 19

Beschleunigungstheorie[23]

Eine der vielen gesellschaftlichen Utopien umschließt den Traum, dass technischer Fortschritt den Menschen von ihren Zwängen der Zeitknappheit und der Hektik befreie. Sie sich gar gegenüber der Zeit emanzipierten, indem Zeitknappheit in einen Überfluss von Zeit gewandelt würde. Rosa nimmt diesen Gedanken zu Beginn seines Buches ebenso auf, wie ihn auch Marx in der »Deutschen Ideologie« mit dem »Fischen und Jagen« schon verdeutlicht hat. Bloß, wie wir wissen, das Tempo des Lebens hat zugenommen, obwohl wir durch technische Neuerungen eigentlich viel Zeit gewonnen haben müssten. Aber: Wir haben keine Zeit im Überfluss ... ganz im Gegenteil. (s. Rosa 2005, 10f)

Aus diesem Grund versucht Rosa, die Logik der Beschleunigung zu entschlüsseln. Eine erste Idee könnte sein, dass technische Neuerungen erst verdient werden müssten, was Zeit kostet. Wahrscheinlicher aber ist, dass die Erweiterung des Möglichkeitshorizonts ein wesentliches Element der »Verheißung Beschleunigung« ist. Um auf dem Laufenden zu bleiben lässt sich der Mensch von der »Verheißung Beschleunigung« antreiben, wobei ihn seine technische, soziale und kulturelle Umwelt, die hoch komplex und kontingent geworden ist, in diesen Prozess hineinzwingt. (s. Rosa 2005, 13f)

Erwartungs- und Erfahrungshorizont fallen darüber auseinander. Das »In-der-Welt-Sein« hängt in hohem Maß von den Zeitstrukturen der komplexen Bezugsgesellschaft ab. (s. Rosa 2005, 15)[24] Der Begriff

23. Die für den Aspekt gesellschaftlicher Beschleunigung herangezogenen Passagen umschließen Rosas Kapitel »V. Rutschende Abhänge: Die Beschleunigung des sozialen Wandels und die Zunahme der Kontingenzen« sowie »VI. Die Beschleunigung des ›Tempos des Lebens‹ und die Paradoxien der Zeiterfahrung« (s. Rosa 2005, 176-295)

24. Nach Rosa gliedern sich diese gesellschaftlichen Zeitstrukturen in drei unterschiedliche Zeitperspektiven:

- Zeitstruktur des Alltagslebens (bestimmt durch Erwerbsarbeit, Familie, Freunde, Haushalt, Kinder, Hobbys ...),
- Perspektive auf Lebenszeit (Vereinbarkeit, Familie, Kinder und Beruf, berufliche Änderungswünsche, Wohnortwahl ...) und
- Zeit der Epoche, der Generation, des Zeitalters. (s. Rosa 2006, 36)

»rutschende Abhänge« (slipping slopes) wird zum Synonym: Ein Stillstehen durch Nicht-Handeln oder Nicht-Entscheiden wird unmöglich (s. Rosa 2005, 190). Somit wird unter dem Aspekt der Beschleunigung die Becksche Kategorie der »Unmöglichkeit der Nicht-Entscheidung« bzw. »keine Entscheidung ist auch eine Entscheidung« aus einem anderen soziologischen Blickwinkel beleuchtet.

Rosa sieht für das Verständnis der heutigen Gesellschaften als entscheidend an, dass sich Territorien, Ethnien, Finanz- und Ideenströme, aber auch Formen kultureller, religiöser und politischer Praxis sich der Tendenz nach voneinander lösen, so dass sie nahezu beliebig (re-) kombinierbar sind, wobei sie intentionaler Steuerung weitgehend entzogen werden. Die daraus resultierenden Folgen für den sozialen Wandel sind gravierend. Wandel, der sich bis weit in die Industriemoderne hinein in Generationenfolgen ereignete, wird in der Folge nicht mehr als Wandel fester Strukturen, sondern als »fundamentale und potenziell chaotische Unbestimmheit« (Rosa) wahrgenommen. Das Tempo des Wandels erhöht sich von intergenerationalen Veränderungsgeschwindigkeiten zu intragenerationalen. Die Lebenszyklen von Familien als ökonomische, soziale und kulturelle Einheiten waren in der agrarischen Gesellschaft über Generationen stabil, während sie in der klassischen Moderne noch auf eine Generation angelegt waren und in der Spätmoderne nur noch einen Lebensabschnitt umschließen. (s. Rosa 2005, 181f)

Die Amerikaner wechseln heute in 40 Arbeitsjahren im Schnitt elfmal die Stelle, was für die spätmoderne Gesellschaft im Übergang ein eindeutiges Indiz für den Übergang von generationalem zu intragenerationalem Wandel kennzeichnet. Eine Gegenwartsschrumpfung erfolgt, also eine generelle Abnahme der Zeitdauer, für die Erwartungssicherheit hinsichtlich der Stabilität von Handlungsbedingungen besteht; dies betrifft nahezu alle Menschen und alles Dingliche: Lebens(abschnitts)partner, Arbeitgeber, Versicherungen, Internet etc. (s. Rosa 1005, 182f)

Die Folgen zeigen sich in Desynchronisationserscheinungen zwischen Funktionssystemen, ebenso wie zwischen unterschiedlichen sozialen Gruppen und damit auch insbesondere Generationen. Menschen in und zwischen allen Altersgruppen leben zunehmend in voneinander isolierten Subwelten, so dass die Schnittmenge ihrer Erfahrungen, Praktiken und Wissensbestände immer bedeutungsloser wird. (s. Rosa 2005, 182) Daraus resultierende notwendige Revidierungen von Erwartungen erfordern dauernde Neuinterpretationen von Erfahrungen bzw. Synchronisationsleistungen. Unsicherheiten in allen Handlungsfeldern sind die Folge: Sei es in der Beziehungsgestaltung, der Berufsfindung oder dem Suchen nach einer passenden Telefongesellschaft für das Handy. (s. Rosa 2005, 185-190)

Gravierende Desychronisationserscheinungen treten nicht nur zwischen und in verschiedenen Funktionssystemen auf (beispielsweise zwischen Wissenschaft/Bildung und Technik/Wirtschaft), sondern ebenso zwischen unterschiedlichen sozialen Gruppen und auch Generationen. Wenn junge und alte Menschen in zunehmend voneinander getrennten Subwelten leben und diese noch einmal durch unterschiedliche soziale Bezugsgruppen neben dem intragenerationalem Wandel zudem einen Unterschied zwischen Praktiken und Wissensbeständen aufweisen, dann haben wir es mit der »gleichzeitigen Ungleichzeitigkeit« (Rosa) zu tun. Die Alten werden darüber für die Jungen anachronistisch, bedeutungslos bis völlig unverständlich und umgekehrt:

»Die Welt der *Gameboys*, des *Internets* und der *SMS-Nachrichten* ist für viele Eltern, erst recht aber für viele Großeltern, so unverständlich und fremdartig, wie die Sitten und Praktiken einer geografisch weit entfernten Kultur. Einen empirischen Hinweis darauf, dass dabei die ›älteren‹ Praxisformen zugleich auch die *langsameren* sind, liefern Untersuchungen, die Jugendlichen gegenüber älteren Menschen ganz neu Fähigkeiten und Fertigkeiten der ›Polychronizität‹ bzw. des *Multitasking* zuschreiben, d.h. die Befähigung, mehrere Informationsquellen und Tätigkeitsfelder simultan zu verarbeiten (...).« (Rosa 2005, 187)

Die jüngeren Menschen sind aufgrund der aktuellen Erfordernisse dadurch im Vorteil, weshalb sich das »Ende der Erziehung« der jüngeren Generation durch die ältere abzeichnet. Die Folgen für die Generationenbeziehungen sind gravierend. Die ›weisen Alten‹ sind ihrer Fähigkeiten enteignet, es sei denn, dass sie die Anverwandlung des Neuen nicht scheuen und so zu »Nicht-wirklich-Alten« werden. Die Beschleunigung des Technischen, sozialen und kulturellen Wandels führt zur Verflüssigung aller Formen von Beziehungen. Wer sich nicht ständig um Aktualisierung bemüht, wird in allen Wissens-, Handlungs-

und Lebensbereichen anachronistisch. (s. Rosa 2005 188ff) Haltbarkeitsdaten schrumpfen nicht nur von Nachrichten, sondern von nahezu allem Relevanten. Die Konsequenz bedeutet, Stress, Zeitdruck, um auf der Höhe zu bleiben.

»We dance faster and faster just to stay in place.« (Conrad nach Keupp 2005, 193)

Das Lebenstempo ist hoch, fast zu hoch, zu hoch geworden. Das »alte«, kulturell bestimmte Lebenstempo entspricht in etwa der Schrittgeschwindigkeit eines Menschen. Bei diesem Tempo ist der durchschnittliche Mensch in der Lage, seine Umgebung in toto wahrzunehmen. Die Verdichtung von Handlungs- und Erlebnisepisoden lässt sich über Zeitbudgetstudien ermitteln und dabei in subjektive und objektive Komponenten unterscheiden. Die Beschleunigung des Lebenstempos beinhaltet die Zunahme der »aggregierten Handlungsgeschwindigkeit« und die »Veränderung der Zeiterfahrung des Alltagslebens« (Rosa 2005, 198).

Das Tempo des Lebens ist nicht nur durch die Zahl der Handlungsepisoden bestimmt, sondern auch durch die Anzahl der Erlebnisepisoden.[25]

Insgesamt kann in allen Bereichen von einer gesellschaftlichen Deinstitutionalisierung und Enttraditionalisierung zahlreicher Praktiken gesprochen werden, die zu einer zeitlichen und kognitiven und emotionalen Mehrbelastung führen, welche zur Verknappung der Zeitressourcen und zur Erhöhung des Lebenstempos beitragen (z.B. beschleunigen E-Mail und Handy die Planungsmaßstäbe im Tagesverlauf und erhöhen damit die Handlungs- und Erlebnisdichte).

Verpassensangst, Anpassungszwang führen zu einem »Schneller-Leben«, so dass für ursprünglich eigentlich wertvolle Tätigkeiten, also den Dingen auf den Grund zu gehen, nicht nur Gebrauchsanweisungen zu geben oder auszufüllen, keine Zeit mehr bleibt. »Feuer löschen«, Koordinierungszwang, Priorität der Fristsache lassen nach und nach die Wertordnung verschieben. Die Kurzfristigkeit wird »prämiert«

25. Rosa führt dies auf der Seite 201 für das Fernsehen, Seite 203 für E-Mails, Seite 204 für die Informationsbeschaffung aus und folgert daraus auf Seite 205 eine massive Erhöhung des Planungsaufwands. (s. Rosa 2005)

(»instant gratifications« [Rosa]), während für Zusammenhänge, die große Zeit- und Ernergieinvestitionen erfordern, fallende Zeitressourcen aufgewendet werden können. Ursprünglich für wertvoll gehaltene Tätigkeiten entfallen und geraten in Vergessenheit. (s. Rosa 2005 218-225)

Paradoxien der Zeiterfahrung

	Zeit im Erleben	Zeit in der Erfahrung	Beispiel
subjektives Zeitparadoxon	kurz lang	lang kurz	Urlaubsreise Wartezimmer
Fernseh-Paradoxon	kurz lang	kurz lang	TV-Krimi Computerspiel Krisenerfahrungen, Sport, Ausschalt-sekunde (?)

Abbildung 20 (Quelle: Rosa 2005, 232)

In der Erinnerung wirken »nur« die emotional verankerten Episoden. Ohne innere Verbindung bleibende Erlebnisse lösen einander ab, so dass ein Gefühl von »rasendem Stillstand« entsteht. Die Tage, Monate, Jahre vergehen und verschwinden rasch. Das hat für jüngere Generationen weitreichende Folgen. Sie werden sich nur auf längere Vorinvestitionen einlassen, wenn stabile Vertrauensbeziehungen bestehen. Ebenso zeitigt dieser »andere« Zeitumgang für zukünftige Erinnerungen deutliche Folgen: Flüchtige Erinnerungsspuren verlöschen schnell; E-Mails und viele andere Computeranwendungen sind beispielsweise entsinnlicht und dekontextualisiert. (Rosa 2005, 231) Es sei denn, es handelt sich um emotional gebundene Lan-Partys oder Rollenspiele à la Star-Wars. Sie sind emotional kontextualisiert und transformieren Erlebnisse in Erfahrung. Sie verbinden Erfahrungsraum und Erwartungshorizont. (s. Rosa 2005, 231ff)

Majoritär führt gesellschaftliche Beschleunigung mit ihrer aktuell rasenden Dynamisierung zu gegenwartsbezogenen und situativen Identitätsmustern, die in der Folge eine Identitätsschrumpfung zu einem punktförmigen Selbst umschließen.

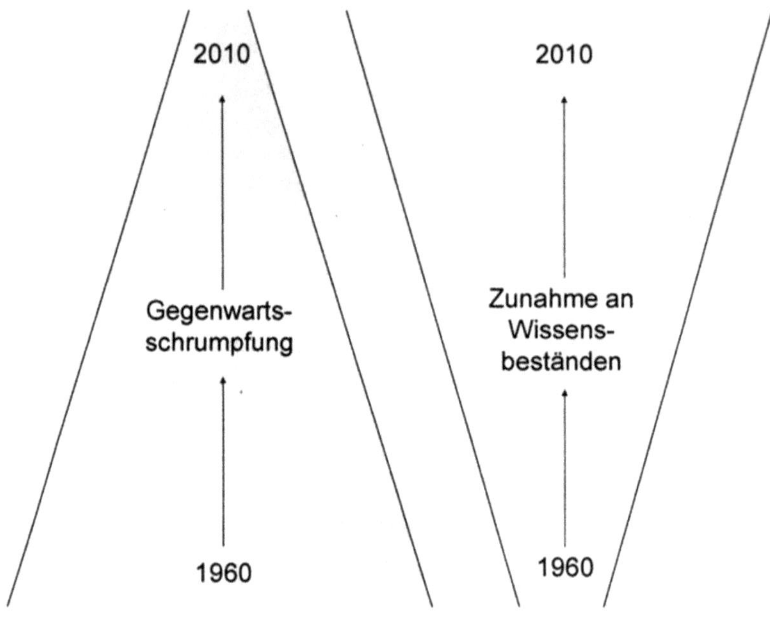

Abbildung 21

Pädagogische Forschung zur technischen Zivilisation[26]

Im Vorwort des Buches »Der technischen Zivilisation gewachsen bleiben« (Hentig 2002) schreibt Hentig, dass ihn seit rund zwanzig Jahren das Verschwinden der Wirklichkeit aus dem Leben beunruhige. Das Verschwinden passiere nicht so einfach, sondern werde durch die Mediatisierung betrieben. Es handele sich um eine mutwillige Vertreibung der Wirklichkeit. (s. Hentig 2002, 9)

Die Herrschaft über Mittelsysteme, also auch die Medien, mit denen wir arbeiten, gilt es zu sichern. Organisierter Wissensgewinn ist dabei eine Grundlage – das ist anders als »früher«, denn »früher« war es noch so, dass zumindest privilegierte Menschen über Medien verfügen konnten. Jede Zeit hat nach Hentig auf den Wandel der Lebensbedingungen mit einer Veränderung der Bildung zu antworten. (Hentig 2005, 11f) Obwohl dieser Gedanke aus einem anderen Buch Hentigs stammt, bildet er den Aufhänger für »Eine andere Beschreibung des Auftrags für Pädagogik« (Hentig 2002).

John Dewey schrieb um 1900 vom »cultural lag«, dem Vorsprung der wissenschaftlichen, technischen, ökonomischen Entwicklung gegenüber dem sozialem Bewusstsein. Die damalige und auch heutige Antwort in den Vereinigten Staaten lautet, dass zwecks Aufholens ein »learning by doing« stattfinden solle. Damit eignen sich die Menschen, wenn das die Aufgabe der Pädagogik sein soll, zwar die Handlung an sich mit den dazugehörigen Mitteln an, gewinnen jedoch keinesfalls eine Verfügbarkeit über das Handlungs- und Mittelsystem, erst recht nicht über den Fortschritt. (s. Hentig 2002, 59)

Unsere Umwelt verändern wir mehr als wir sie beherrschen. Das Ziel der Hentigschen Pädagogik schließt jedoch ein, den Veränderungen gewachsen zu bleiben. Zur Lösung von Problemen erfinden Menschen zwar Werkzeuge, deren Folgen aber erst im Nachhinein bedacht oder deutlich werden. Die negativen Folgen werden dann lapidar als

26. Die für den Aspekt »Pädagogische Forschung zur technischen Zivilisation« herangezogenen Passagen aus Hentigs Buch umschließen den 4. Abschnitt (»Eine andere Beschreibung des Auftrags der Pädagogik« und den 5. Abschnitt in Kapitel I (»Ein anderes Vorgehen der Pädagogik«). (s. Hentig 2002, 59-111)

Kollateralschäden gesehen. Im Prozess gesellschaftlicher Entwicklung geht der Sinn für die »Verwundbarkeit« des Ganzen verloren. Die Einsicht und die Einübung vernünftigen Verhaltens entfällt. Wenn Erwachsene jedoch nicht vernünftig mit Wandel und Ungewissheit umgehen, dann müssen sie aufhören zu erziehen, zu belehren. (s. Hentig 2002, 62f)

Die Lösung, für Probleme ein Werkzeug zu suchen, hat immer wieder unbedachte Nebenfolgen hervorgebracht: Die Erfindung des Autos, die das Leben durchaus in Teilen erleichtert, hat z.B. in der Folge zu Kriegen um die Ölvorkommen geführt.[27] Das Fernsehen sollte das Radio um Bilder ergänzen, brachte aber für Familie, Nachbarschaft, Freizeit und Demokratieverständnis grundlegende Änderungen mit sich, die bis heute noch nicht verarbeitet sind. (s. Hentig 2002, 61)

Alle Erfindungen, bei denen die Zweckerfüllung im Zentrum steht und die zunächst diffusen davon außerhalb liegenden Folgen nicht bedacht werden, weisen einen eindimensionalen Charakter auf. Sie charakterisieren Erfindungen und Maßnahmen eines »Geistes«. Menschen werden entmachtet, indem sie mit Gebrauchsanweisungen abgespeist werden. »Lösungen aber sind nicht in Sicht.« (Hentig 2002, 62) Aufklärung heißt nicht, irgendwelchen »Göttern« (Postman) zu folgen, die Lösungen suggerieren, sondern sie meint,

»(…) die geduldige, anstrengende, konsequente Herstellung von Einsicht in die Grundverhältnisse: von Mensch und Natur, Mensch und Mensch, Mensch und von ihm gemachter Welt, Zweck und Mittel, Absicht und Folge, Quantität und Qualität, Wandel und Dauer, Wirklichkeit und Schein.« (Hentig 2002, 63)

Um diesem Ziel näher zu kommen, gehört der heute praktizierte Aufgabenkatalog der Pädagogik umgekehrt: Bildung gehört vor Kompetenz. Damit formuliert Hentig aus seiner Sicht keine Kritik an unserer Kultur, sondern fordert die Wiederherstellung der Bildungspolitik. (s. Hentig 2002, 65) Der Mediatisierung des Lebens gewachsen bleiben, heißt der Kunstwelt vermittelter Beziehungen, dem Sog der Bilder, die ohne Zutun ablaufen, keine Entscheidung fordern, hübsch oder

27. Die Luftverschmutzung durch den Individualverkehr steht 2007 im Zentrum der Diskussion um das Auto.

hässlich, nett oder bedrohlich sind, etwas aus der realen Welt entgegen zu setzen. Ansonsten verkommen die Bilder, die eigentlich Mittler sein sollten, zu Terminals, Endstationen unserer Wahrnehmung. Sie dominieren unsere Erfahrungen. Die Bedienungsanleitungen zu den Geräten sagen uns nicht, wozu das Gerät dient, sondern wie wir es bedienen können. Zwänge zur Vereinheitlichung werden zu den Menschen transportiert (Hentig 2002, 67f). Sie haben die Wahl zwischen verschiedenen Mitteln zu wählen, wodurch dennoch oder gerade in immer höheren Maß das Gesetz der Funktionalität determinierend wirkt (Hentig 2002, 69).

»Wir brauchen für eine Welt, in der es Computer gibt, vor allem etwas, was wir an den Computern gerade nicht lernen können – das offene, dialogische, zweifelnde, entwerfende, bewertende, philosophische Denken.« (Hentig 2002, 73)

Von außen angelegte Standards behindern nicht nur das Denken, denn individuelle Förderung kann nur gelingen, wenn gleichzeitig abstrakte Maßstäbe des allgemeinen Beurteilungssystems verworfen werden. Durch technische Vorgaben standardisierte Systeme stehen gegen den Eigenwillen oder Eigensinn von Individuen. (s. Hentig 2002, 80) Eingesetzte Mittel zur Aufklärung, zu mehr Freiheit, zu mehr Mitsprache haben nur dann einen Sinn, wenn sie als »Mittel zum Zweck von …« bestehen, statt Mittelsysteme zu sein. (s. Hentig 2002, 81)

Eine Steigerung von Mittelsystemen oder allgemein von Komplexität bedeutet in der Regel nicht, dass mehr Probleme gelöst werden, sondern dass die Lösung eher verkompliziert wird. Ein Gegenprogramm zur Entfremdung wird damit eine Aufgabe der Pädagogik.

»Die technische Zivilisation, die der Steuerung durch unsere Vernunft so dringend bedarf und uns mit dieser Forderung an den Rand des Wahnsinns treibt, entbindet uns umstandslos davon, sobald wir bereit sind, dem vernünftigen Eigenwillen zu entsagen.« (Hentig 2002, 91)

Die Ziele der Pädagogik müssen mit Lebenserfahrung zu tun haben und nicht von dieser ablenken oder sie verstellen. »Das macht Pädagogik zu einem störrischen Partner.« (Hentig 2002, 93)

Pädagogisch Handelnde sollten deshalb damit rechnen, Schüler und Gesellschaft gegen sich zu haben: Wenn sie der Mediatisierung Widerstand leisten, isolieren sie sich, wenn sie sich auf die Mediatisierung einlassen, unterlaufen sie sich vor dem Hintergrund der Neuen Medien selbst. (s. Hentig 2002, 95f)

Durch eine immer weiter fortschreitende »Enteignung der Erfahrung« durch Fernsehen, Computer etc. wird die Schule als pädagogische Instanz, wenn sie dem folgt, zu einem »Entfremdungs-Institut«. Die Un-Möglichkeit ganzheitlicher Erfahrung schneidet das Aktive der Belehrten ab. Auch das »Interaktive« der Neuen Medien ändert aufgrund eingeschränkter Sinneswahrnehmung daran wenig. (Hentig 2002, 97)

Durch den Siegeszug der Neuen Medien – auch in den Freizeitbereich hinein – kann die Arbeitswelt ungehindert in die Freizeitwelt vordringen und umgekehrt. Der Zwang zum permanenten Online-Sein wird freizeitmäßig ebenso wie berufsbedingt verlängert, so dass eine allzeitige Verfügbarkeit entsteht. Verfügbarkeit wird darüber fahrlässig zur Wichtigkeit, zur Bedeutsamkeit. Die einseitig künstliche Welt kann nicht abgeschaltet werden, weil dieses einem Selbstausschluss gleichkommt. (s. Hentig 2002, 98f)

Den gesellschaftlich sanktionierten Folgen eines »falschen« Medienkonsums, wie Gewaltverherrlichung, Konzentrationsschwäche von Kindern und Jugendlichen nach lang anhaltendem Konsum, die durch das so genannte »hidden curriculum« hervorgerufen werden, wird in der derzeit herrschenden Pädagogik durch einen anderen zu erlernenden Umgang begegnet. Mit einer »falschen Geschäftigkeit« – unterstützt durch Kontakte zu Firmen, Banken, Versicherungen, die Schulen und Lehrerfortbildung sponsern – werden Handreichungen und Unterrichtsmodelle für den mediengestützten Unterricht zu einer sach- und fachgemäßen Anwendung entwickelt. (s. Hentig 2002, 104ff)

Nun sollte Pädagogik nach Hentig weder die Medien noch beispielsweise Informatikunterricht verteufeln, sondern die Pädagogen sollten sich der Medienforschung ebenso wie der Entmythisierung und Entmystifizierung der Computer widmen. Entwicklungen sollten, wenn sie schon nicht verhindert, so doch zumindest abgefedert werden (s. Hentig 2002, 109ff): »(…) die Hoffnung, dass wir den Folgen besser gewachsen sind, wenn wir sie gründlich prüfen und redlich darstellen, wenn wir die Neuen Medien nicht als das neue Heil verkaufen, ist sinnvoll.« (Hentig 2002, 11)

Pädagogisches Handeln im Verhältnis zur technischen Entwicklung

Schrumpfen der pädagogischen Verfügbarkeit über den technischen Fortschritt

Zunahme der Geschwindigkeit des technischen Fortschritts

Abbildung 22

Variable zu Vielfalt oder Differenz im Beziehungsgeflecht

Zur Erinnerung sei noch einmal angemerkt, dass keine allgemeine Gebrauchsanweisung zu eigener Zeit und sozialer Herkunft entstehen soll, sondern ein wissenschaftlich transparentes Bezugssystem. Das Generationenthema im sozialen Kontext ist ein ewig junges Thema, weshalb nie endgültige Aussagen getroffen werden können. Aus diesem Grund findet in diesem Buch einerseits eine Komplexitätssteigerung von wenig oder gar nicht im öffentlichen Diskurs zum Generationenzusammenhang diskutierten Inhalten statt und andererseits erfolgt eine Komplexitätsreduzierung durch den ausgewählten Literaturbezug.[28]

28. In diesem Abschnitt beziehe ich mich ausschließlich auf die im vorherigen Abschnitt herangezogenen und dargelegten Textpassagen. Insofern liegt vom Material her die Urheberschaft bei den herangezogenen Autorinnen und Autoren, die Kombination und damit auch die Zuspitzung des Inhalts zum Thema Generationen liegt beim Autor dieses Buches.

Der Literaturbezug bildet in diesem Abschnitt methodisch gesehen das Ausgangsmaterial für Hypothesen, die anschließend als idealtypisch-hypothetische Konstruktionen in das insgesamt zu entwickelnde Theoriegebäude einfließen. Wissenschaftlich gesehen findet einerseits eine additive Kummulation von Wissensbeständen statt, die andererseits dialektischen Denkprozessen zugeführt wird. Ich bringe sie Standpunkte der vorgenommenen wissenschaftlicher Ausführungen zusammen, um über die Konfrontation der unterschiedlichen und sich ergänzenden Sichten, Neues entstehen zu lassen.

Sozialisationsforschung

Sozialisation stellt eine soziale Praxis dar, worin Erfahrungen zwischen Menschen wechselseitig ausgetauscht und kultiviert werden. Grundlage dafür sind kulturelle Vorstellungen, die auf gesellschaftlichen Werten beruhen. Sozialisationspraxis auf der personalen Ebene bedeutet, sich auf gemeinsame Handlungs- und Lebensführungen einzulassen. Der Zweck liegt bei gemeinsamen Handlungsweisen. Zwischen Älteren und Jüngeren, Wissenden und Lernenden, Experten und Laien etc. besteht ein spezifisches Kompetenzgefälle. Der Sozialisationsprozess minimiert Erfahrungsdifferenzen und Verhaltensunsicherheiten. Darüber wird eine eigene soziale Verortung möglich, weil zur erwähnten personalen Ebene die »großen« sozialen Einbindungen hinzukommen (Organisationen).

> *1. Idealtypisch-hypothetische Aussage zu »Sozialisation«*
> *Unterschiedliche Alterskohorten erleben andere individuelle und gesellschaftliche Einflüsse, die ein Kompetenzgefälle zwischen ihnen bedingen.*

Milieuforschung

Die soziale Wahrnehmung ist abhängig von einem physisch präsenten und geistig determinierten Ort. Dieser Raum lässt sich grob in drei große vertikale Milieus, die wiederum durch Submilieus gekennzeichnet sind, trennen. Milieus an sich sind weder zeitresistent noch in Phasen gesellschaftlichen Wandels ausschließlich homogen. Trotz möglicher (Sub-) Milieuwanderungen entstehen bei ursprünglichen Mitgliedern keine völlig neuen Mentalitäten.

> *2. Idealtypisch-hypothetische Aussage zu »Milieu und Sozialisation«*
> *Der soziale Raum, aus dem Menschen kommen, ist weder zeitresistent noch heute ausschließlich homogen und prägt Differenz und Übereinstimmung. Die soziale Wahrnehmung der Individuen ist durch die ursprünglich geprägte Mentalität trotz sozialen Wandels bestimmt, so dass Ursprungs-Milieuspezifika bestehen bleiben.*

Individualisierungstheorie

Gegensätze und Unterschiede zwischen Individuen und Gruppen werden in der Konstruktion von »Wissen« und »Nichtwissen« immer größer. Wissen und Nichtwissen sind wissentlich geschieden, denn es entwickeln sich immer mehr Zonen des Nicht-Wissen-Könnens als »unbekannte Unbekannte«. Gesellschaftliche Bewertungs-, Gefährdungs- oder Zerstörungsindikatoren gehören der Kategorie des »bekannt unbekannten Nichtwissens« an. Nichtwissen ist damit im Sinne des Schließens einer Wissenslücke in wesentlichen gesellschaftlichen Bereichen überholt.

> *3. Idealtypisch-hypothetische Aussage zu »Individualisierung, Milieu und Sozialisation«*
> *Neben der differenten Erfahrung in und von Gesellschaft mit ihrer milieuspezifischen Prägung und weder zeitresistenten noch ausschließlichen Wissensbeständen kommt hinzu, dass die Wissensaneignung selbst nicht mehr linear funktioniert. Zonen des Nicht-Wissen-Könnens oder Nicht-Wissen-Wollens führen kritische Handlungsdynamiken mit sich, weil überindividuelle Beurteilungsmaßstäbe zunehmend weg brechen.*

Identitätsforschung

Obwohl Identität ein ewiges und universelles Problem ist, ist sie seit etwa den siebziger Jahren des 20. Jahrhunderts als Einfädelung in Gesellschaft zu einer nicht enden wollenden Aufgabe geworden. Das ist anders als zuvor. Das Individuum stellt in psychischer und sozialer Hinsicht ein »unternehmerisches Selbst« dar. Alte Kernbestände von Identitätskonstruktionen schmelzen weg. Darüber besteht die Gefahr, zu rollenspezifischen »Abziehbildern« zu werden.

> *4. Idealtypisch-hypothetische Aussage zu »Identität, Individualisierung, Milieu und Sozialisation«*
> *Nicht nur differente Erfahrungen mit milieuspezifischer Färbung sowie neue Zonen des Nicht-Wissen-Könnens führen zu Problemen bei der individuellen und gesellschaftlichen Aneignung von Welt, sondern für die Individuen zergehen zudem Kernbestände von Identitätskonstruktionen.*

Theorie des Sozialen Raums

Bereits in der Milieutheorie bekommt der Soziale Raum eine große Bedeutung. Dieser Raum, wenn er durch Wissenschaft dechiffriert werden soll, kann nicht aus der Ferne erschlossen werden, sondern erfordert die Entschlüsselung der Wahrnehmung und Interpretation durch die in ihm Lebenden. Um die gesellschaftliche Asymmetrie unterschiedlicher individueller Kapitalien entziffern zu können müssen Verstehen und Erklären im wissenschaftlichen Prozess einhergehen. Lebendiges und totes Wissen bilden die Basis für eine (Re-) Konstruktionsarbeit.

> *5. Idealtypisch-hypothetische Aussage zu »Sozialem Raum, Identität, Individualisierung, Milieu und Sozialisation«*
> *Das Einleben in die und die Erfahrung von Gesellschaft führen nicht nur zu unterschiedlichen Gewichtungen bei deren milieuspezifischer Aneignung, sondern auch in ihrem Verständnis von »außen«. Wis-*

senschaftliche (Re-) Konstruktionsarbeit erfordert die Fähigkeit zu einem »künstlichen Verständnis«, indem soziale Räume aufgrund ihrer Eigenlogik dechiffriert und zu anderen in Beziehung gesetzt werden.

Beschleunigungstheorie

Die Erweiterung des Möglichkeitshorizonts lässt Beschleunigung zu einer Verheißung werden, an dem Individuen jedoch sehr unterschiedlich teilhaben können. Die Folge sind Zufälligkeiten oder Ungewissheiten (Kontingenzen), denn Erwartungs- und Erfahrungshorizont fallen auseinander. Ein Stillstehen durch Nicht-Entscheiden oder Nicht-Handeln wird unmöglich. In der Generationenfolge wird der Wandel zu einer fundamentalen und potenziell chaotischen Unbestimmtheit. »Generation« schrumpft aufgrund sozialer, kultureller und technischer Beschleunigung auf Lebensabschnitte. Generationenspezifische Unsicherheiten gegenüber allen gesellschaftlichen Feldern sind die Folge. Beziehungen verflüssigen sich, alte Generationencharakteristika verlieren ihre Bedeutung. Gegenwartsschrumpfung mit ihren rasend sich verflüchtigenden Ergebnissen gewinnt gegenüber gründlich zeitintensiver Beurteilung die Oberhand.

6. Idealtypisch-hypothetische Aussage zu »Bescheunigungstheorie, Sozialem Raum, Identität, Individualisierung, Milieu und Sozialisation«
Durch kulturelle, soziale und technische Beschleunigung erfährt die in Sozialisation, Milieu und Identität feststellbare Fragmentierung der Individuen noch weitere asynchrone Elemente. Ursprünglich vergleichbare Lebenslagen werden darüber zunehmend entkoppelt, gemeinsame (Nicht-) Wissensbestände fallen beschleunigt auseinander und gewinnen in der Folge durch ihre inhärenten ungleichzeitigen sowie ungleichheitsproduzierenden Muster immer mehr unüberwindbare Hürden. Eine Dechiffrierung von Differenz wird komplexer und darüber latent unmöglich.

Der Vorsprung der wissenschaftlichen, technischen und ökonomischen Entwicklung gegenüber dem sozialen Bewusstsein lässt Pädagogik zu einem »learning by doing« werden. Eindimensionaler Zweck und dessen Erfüllung auf der Ebene von Gebrauchsanweisungen treten an die Stelle der Verfügbarkeit gegenüber Neuerungen. Menschen werden aufgrund dessen ihrer Gestaltungsfähigkeit beraubt. Der Eigensinn des Zwecks dominiert in der Folge den Eigensinn der Individuen. Entmythisierung und Entmystifizierung technischer Neuerungen durch die Pädagogik gilt es als Aufgabe zu begreifen und zu erobern.

> *7. Idealtypisch-hypothetische Aussage zu »pädagogischer Forschung, Bescheunigungstheorie, Sozialem Raum, Identität, Individualisierung, Milieu und Sozialisation«*
> *Der individuellen und gesellschaftlichen Desynchronisierung in allen Lebensbereichen und Altersgruppen werden keine offenen Aneignungen oder Lernfelder entgegengesetzt, sondern fragmentierte Zweckbestimmungen, so dass die individuelle und gesellschaftliche Verfügbarkeit über den Fortschritt zunehmend schrumpft.*

Vielfalt oder Differenz im Generationenverständnis – Eine Zwischenzusammenfassung

Über die Beschleunigungstheorie von Rosa ist deutlich geworden, dass die individuelle, bezugsgesellschaftliche und internationale Praxis sich der Tendenz nach voneinander lösen. Die Folge davon ist, dass immer weniger Schnittmengen zwischen Individuen existieren. Wissensbestände bekommen darüber eine gewisse bis komplette Beliebigkeit, weil auch hier gemeinsame Bezugssysteme fehlen. An dessen Stelle tritt vielfach eine Art von gedanklichem Fundamentalismus, weil der Unübersichtlichkeit Vereinfachung entgegen gesetzt wird. Menschen tendieren zumindest in subjektiv erfahrenen Krisensituation meist rückwärtsgewandt.

In der Alltäglichkeit bestimmt weitgehend die normative Kraft des Faktischen das Denken. Viele der in diesem Buch dargelegten Zusammenhänge können nur bei intensiver Beschäftigung mit dem Gegenstand erschlossen werden, obwohl auch dafür schon wissenschaftliche »Kunstgriffe« vonnöten sind. Fundierte Erfahrungen und damit fundierte Antworten brauchen Zeit, die heute nur mehr in Rudimenten ermöglicht werden. Das Lebenstempo ist rasend geworden, obwohl es oft eher einem »rasenden Stillstand« (Rosa) entspricht. »Was interessiert mich mein Geschwätz von gestern!«

Auch gehen im Laufe des Lesens eines Buches Gedanken wieder verloren. Aus diesem Grund fasse ich an dieser Stelle noch einmal in aller Kürze die bisherigen Aussagen und Erkenntnisse zusammen, um einerseits zu erinnern und andererseits für mögliche Schlüsse eine Folie anzulegen. Der Fokus liegt dabei auf Zeit- und Raumerfahrungen.

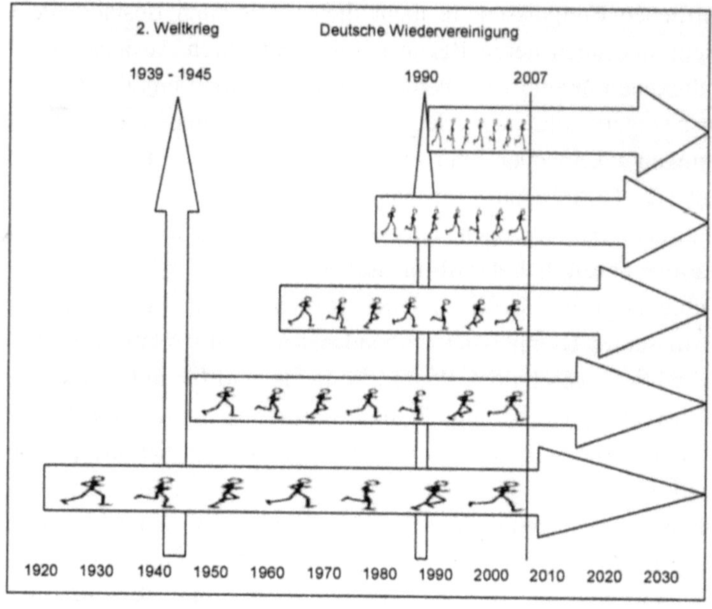

Abbildung 23

Zunächst seien noch einmal schematisch individuelle Zeitläufe und sich daraus unterschiedlich ergebende Interpretationen von (Lebens-) Ereignissen dargelegt. Sozialisations- und Identitätsmuster erfahren aufgrund unterschiedlicher Erlebnis- und Erfahrungsphasen des Einlebens in Gesellschaft eine andere Fundierung. Da beispielsweise die Gesellschaft der »alten« BRD mit der der »neuen« um die Jahrtausendwende kaum mehr zu vergleichen ist, obwohl sich doch so vieles »ähnelt«, hat dies zwangsläufig Konsequenzen und in deren Folge Interpretationen für unterschiedliche Alterskohorten.

Über die Zeitstruktur des Alltagslebens, die Perspektive auf Lebenszeit sowie die Zeit der Epoche, der Generation und des Zeitalters (s. Rosa 2006, 30f) sind Menschen in Gesellschaften unterschiedlich eingebunden. Die Eingebundenheit fällt milieu- bzw. auf den sozialen Bezugsraum bezogen sehr unterschiedlich aus. Insofern gibt es zu einer anderen zeitlichen Interpretation von unterschiedlich alten Menschen auch eine sozial andere Wahrnehmung von individuellen und gesellschaftlichen Ereignissen. Je mehr die traditionalen Bestandteile von Milieus und auch deren Bezugsgesellschaft durch Aushandlungsnotwendigkeiten abgelöst werden, desto weiter fallen emotionale, erfahrungsbezogene und auch erlebnisfundierte Verhaltensweisen und Einstellungen auseinander. Statt »Was mache ich in und für die Gemeinschaft oder Gesellschaft« entsteht ein »Was macht die Gesellschaft mit mir«. Entsolidarisierungen sind ebenso wie zwangsläufig schiefe Interpretationen bezüglich der Mitmenschen die Folge.

Fehlende gesellschaftliche Synchronisationserfahrungen sind ebenso dem in seiner Komplexität vorhandenen und nur relativ erfahrbaren »Weltwissen« geschuldet. Wissensbestände sind für Individuen nur in »exklusiven Sphären« ihres Seins in ihrer Breite und Tiefe verständlich; andere Bereiche sind durch überbordende Informationen, die individuell nicht mehr verarbeitbar sind, parallelisiert und kaum mehr erschließbar. Vorurteile werden darüber mehr und mehr zur Entscheidungsgrundlage. Eine Metapher könnte in Anlehnung an Postmans »Wir amüsieren uns zu Tode« (Postman 1985) ein »Wir informieren uns zu Tode … aber begreifen es nicht« sein. Diese retrospektive Seite des Wissens erweitert Beck um die Sphären des »Nicht-Wissen-Könnens«. Nichtwissen ist damit als Kategorie in Teilen zur »Kaffeesatzleserei« geworden. D.h., es ist bei komplexen Entscheidungen bestenfalls möglich, Szenarien zu entwerfen, aber keinesfalls eine garantiert fehlerfreie Prognose zu geben. Über die Auseinandersetzung mit der »prognostischen Härte« von Bevölkerungswissenschaft über längere Zeitläufe habe ich das beispielhaft anhand der Diskussion um die Rentenversicherung aus den 50er Jahren des 20. Jahrhunderts verdeutlicht.

Abbildung 24

Die Kehrseite dieses Auseinanderbrechens von gesellschaftlichen Erlebnis- und Erfahrungsräumen ist, dass die Motive von Menschen in einzelnen sozialen Räumen oder Milieus immer schwerer zu verstehen sind. »Normales gesellschaftliches Verhalten« hat einen Gestaltwandel erfahren, denn die Träger dieser »Normen« repräsentieren in wesentlichen Teilen nicht mehr die Majorität gemeinsam getragener Normen. Wenn beispielsweise die gesellschaftliche »Zielnorm Erwerbsarbeit« für Heranwachsende bröckelt, hat dies Folgen für familiäre und schulische Erziehung bzw. Pädagogik und das soziale System. »Anything goes«, doch was wird von wem akzeptiert? Welche Funktion haben ErzieherInnen und LehrerInnen? Sollen sie Gebrauchsanweisungen vermitteln oder helfen eigenständige Positionen zu entwickeln?

Gesellschaftliche Maßverhältnisse existieren kaum mehr in den Köpfen der Individuen und müssen deshalb mit zunehmender (struktureller) Gewalt durchgesetzt werden. Fremdheit ist Alltagserfahrung. Generationen lassen sich zwar altersmäßig bestimmen, doch das ist eigentlich schon alles, was eine Generation ausmacht. Soziale Erfahrungen, soziale Eingebundenheiten von Individuen bestimmen mehr den Standort in der (zukünftigen) Gesellschaft als die Idee einer homogenen Zukunftsprognose für die junge Generation. Viele Zukunftsinvestitionen, wie beispielsweise Rentenversicherungsbeiträge, sind auf dem Gestern konstruiert und tragen ein (Teil-) Versagen in sich. Auch hier ist der soziale und materielle Background maßgeblich für möglichen zukünftigen Profit. Derzeitige Generationen können vieles nicht wissen, doch tun Entscheidungsträger so, als ob sie es wüssten. Tatsächliche Alternativen werden nur selten angedacht, weil die Angst vor Veränderung größer ist, als wissentlich die Katastrophe anzusteuern. Diese Aussage aus der internationalen Umweltschutzbewegung trifft auf das Soziale ebenso zu. Bloß: Die Umwelt betrifft alle, der soziale Ausschluss nicht.

Diese doch deutlich negative Beurteilung der derzeitigen sozialen und kulturellen Verfasstheit von unserem Gemeinwesen betrifft freilich im Kern »nur« etwa ein Drittel der Bevölkerung, ein weiteres wankt, das dritte muss sich keinerlei Sorgen machen.

In den nächsten Abschnitten geht es darum, andere Handlungsspielräume auszuloten, um eine Zukunftsfähigkeit im positiven Sinn auszuleuchten.

Philosophische, psychologische, soziologische und politische Stolpersteine für gelingende Vielfalt und Differenz

Das bisherige Vorgehen in dieser Publikation macht deutlich, dass Kontingenzen aktuelles und perspektivischen Fühlen, Denken und Handeln bestimmen. In der Spannung zwischen Individuum und Gesellschaft entstehen Bruchpunkte oder parallele Welten, die oft nur über das Abstrakte des Zeitgeschehens eine gemeinsame Bindung erhalten. Das Alltagsleben oder die Perspektive auf die Lebenszeit fallen aufgrund des unterschiedlichen sozialen Kapitals von Individuen zunehmend – aber milieuspezifisch in unterschiedlicher Intensität – auseinander. Heute geforderte Aushandlungen lösen immer mehr Traditionsbedingtes ab und erfordern Kompetenzen als (allzeit) flexibler Mensch. Zwar sind die Milieuherkunft und die daraus resultierende soziale Vererbung als individuelle Ausgangsbasis für ein gesellschaftliches Leben wichtiger als das Alter, also die auch die Generation, doch darf dies nicht verdecken, dass es dennoch generationenspezifische Wahrnehmungen gibt. Menschliches Leben ist durch immer mehr Teile von Selbstsozialisation geprägt, die durchaus Spezifika des Zeitgeschehens enthält. Selbst erlebte Geschichte – ob mittel- oder unmittelbar – als ZeitzeugIn bildet eine wesentliche Basis für Interpretation. Konkreter formuliert heißt das, dass beispielsweise die Geschichte des deutschen Faschismus von Zeitzeugen – wenn auch nicht unbedingt öffentlich – anders gedeutet wird als von nachfolgenden Generationen.

Der generationenspezifischen Wahrnehmung mit ihren individuellen Färbungen widmen sich die folgenden Abschnitte.

Ich thematisiere noch einmal noch einmal »alte« Erkenntnisse als Messlatte für Zukünftiges. Wie ich schon in der Einleitung schreibe, gibt es durchaus Geschichtliches, das perspektivisch aussagekräftig bleibt, doch entscheidend ist die Interpretation in den neuen gesellschaftlichen Verhältnissen. Insofern versuche ich mich weiter dem Nicht-Wissen-Können zu nähern, indem ich Wissen zur Disposition stelle. Abschließend fließen Überlegungen ein, wie gerade dem Nicht-Wissen-Können begegnet werden kann: Also Ideen zu entwickeln oder existente aufzunehmen, die die Zukunft nicht verbauen. Es handelt sich nicht um eine versteckte Form des Nicht-Wissen-Wollens, sondern um eine annäherungsweise szenische Konstruktion des Nicht-Wissen-Können.

Gerechtigkeit im Rahmen von Vielfalt und Differenz

Mit Becks »Risikogesellschaft« (Beck 1986) und Rosas »Beschleunigung« (Rosa 2005) habe ich deutlich gemacht, dass es zumindest in komplexeren Zusammenhängen ein Nicht-Entscheiden nicht gibt.

Selbst wenn wir uns nicht entscheiden, haben wir entschieden, weil jede Option spätestens im Zeitlauf eine Entscheidung mit sich führt. Bewusst oder unbewusst stecken wir immer in einem Entscheidungsdilemma. Eine »Enthaltung«, »Ignoranz oder »ungültige Stimmabgabe« fördert immer existente Machtpositionen. Es sei denn, die Blockade von Abstimmungen überhaupt stellt selbst die majoritäre Position dar – aber dann ist es ohnehin eine Entscheidung. Ähnlich verhält es sich mit Normen und Werten. Norm- oder Wertloses an sich gibt es nicht. Wenn das vermeintlich Normlose sich an einer Norm ausrichtet, ist es gleichzeitig wieder normiert, weil es eben die Norm als Norm ablehnt.

Die Konsequenz für Entscheidungen und Normen ist demnach, dass alle Menschen Wissens- und Verhaltensbestände haben, von denen sie ausgehen. Seien sie kulturell, politisch, wissenschaftlich oder »was-weiß-ich-wie« bedingt. Bei Anschauungen, die Menschen ablehnen, wird dann ideologisches, verbohrtes oder einseitiges Verhalten unterstellt. In der Alltäglichkeit neigen Menschen dazu, ihre eigenen Ansichten als objektiv zu betrachten oder sie als Notwendiges, Logisches oder Unverrückbares zu betrachten. Wissen und Verhalten sind letztlich im Habitus aber »nur« konstruiert. Je nachdem, welche Lernwege gegangen wurden, welche Werte vorangestellt oder als weniger gewichtig gesehen werden, finden Haltungen oder Einschätzungen statt. Daraus ergeben sich Denk- und Verhaltensprioritäten. Diese Prioritäten finden sich – wie schon mehrfach betont – ebenso in wissenschaftlichem Agieren wieder.

Sehr plastisch beschreibt dies beispielsweise von Hentig in dem von mir herangezogenen Text für die Pädagogik. Seiner Ansicht nach kommt sie, die Pädagogik, über Gebrauchsanweisungen nicht hinaus. Für Beck fließen Wissensbestände in postmodernen Gesellschaft nicht nur auseinander, sondern ihnen fehlt gar der Kern. Dies findet sich ebenso bei Rosas »Beschleunigungstheorie« wieder, denn es bleibt gar keine Zeit bei der Einführung von Neuem, bereits alle Nebenfolgen einzubeziehen. Über die Sozialisationstheorie von Grundmann und auch die Identitätstheorie von Keupp et al wird zeitlich deutlich, was Vester et al zudem örtlich festmachen: Historischer Zeitpunkt und milieuspezifische Herkunft »trennen« Fühlen, Handeln, Wissen, was wiederum über Bourdieus »Verstehen« im sozialen Raum mehr als nur eine Bestätigung findet. Bei der Auseinandersetzung mit der Bevölkerungsforschung wird »plötzlich« die gesellschaftliche Verfasstheit in der Aktualität zentraler als ein möglicher zukünftiger generationenspezifischer Altersaufbau der Gesellschaft. Ungleichheiten werden reproduziert, so dass Chancenverteilung eher ungerechter wird.

Die »Geschichte mit dem Hammer« des us-amerikanischen Psychologen Watzlawik bildet sehr schön mögliche erste Aspekte von Entscheidungsfindung und »gleichzeitiger Ungleichzeitigkeit« und in der Folge von »Gerechtigkeit« ab.

»Ein Mann will ein Bild aufhängen. Den Nagel hat er, nicht aber den Hammer. Der Nachbar hat einen. Also beschließt unser Mann, hinüberzugehen und ihn auszuborgen. Doch da kommt ihm ein Zweifel: Was, wenn der Nachbar mir den Hammer nicht leihen will? Gestern schon grüßte er mich flüchtig. Vielleicht war er in Eile. Aber vielleicht war die Eile nur vorgeschützt, und er hat etwas gegen mich. Und was? Ich habe ihm nichts angetan; der bildet sich da etwas ein. Wenn jemand von mir ein Werkzeug borgen wollte, *ich* gäbe es ihm sofort. Und warum er nicht? Wie kann man einem Mitmenschen einen so einfachen Gefallen abschlagen? Leute wie dieser Kerl vergiften einem das Leben. Und dann bildet er sich auch noch ein, ich sei auf ihn angewiesen. Bloß weil er einen Hammer hat. Jetzt reicht's mir wirklich. – Und so stürmt er hinüber, läutet, der Nachbar öffnet, doch bevor er noch ›Guten Tag‹ sagen kann, schreit ihn unser Mann an: ›Behalten Sie sich Ihren Hammer, Sie Rüpel!‹« (Watzlawik 1988, 37ff)

Von Gerechtigkeit aus Sicht des »Hammer-Besitzers« zu sprechen wäre absurd. Ungleichzeitige Denk- und in der Folge Handlungsprozesse – selbst ohne diese skurrile psychologische Note – sind aufgrund der Komplexität der aktuellen Verfasstheit von Gesellschaft an der Tagesordnung. Diesen Prozessen kann niemand ausweichen. Probleme werden dann besonders relevant, wenn »nicht-vernünftige« auf »vernünftige«, also rational nachvollziehbare Strukturen treffen. Fühlen, Denken und auch Erinnerung sind jedoch nicht per se rationalen Kriterien zu unterwerfen.

Bloch schreibt 1932 in einer Abhandlung zu »Ungleichzeitigkeit und Pflicht zu ihrer Dialektik« von einer »anachronistischen Verwilderung« »Erinnerung«. In der Krise – hier vor der Machtergreifung der Nationalsozialisten – werde ›verwilderte Erinnerung‹ freigesetzt, mit der subjektiv rückwärtsgewandt auf aktuelle objektive Widersprüche reagiert werde, so dass ungleichzeitige Widersprüche entstünden. Diese »verwilderte Erinnerung« überdeckt den objektiv gleichzeitigen Widerspruch zwischen den Menschen und der ökonomischen sowie politischen Lage. (Bloch 1973, 117f) Das subjektive Bewusstsein hinkt in einer solchen Konstellation dem objektiven gesellschaftlichen Zustand hinterher. Menschen beurteilen Aktuelles mit Gestrigem.

Max Weber stellt sich in seiner akademischen Antrittsrede 1895 in Freiburg aus der Sicht eines »ökonomischen Nationalisten« (Weber) die Frage nach der politischen Reife von Regierenden oder Regieren-Wollenden und ihrer ökonomischen Macht. Verantwortung aus Sicht der Nationalökonomie bekommt bei Weber insofern eine Dimension von Gleich- oder Ungleichzeitigkeit, weil die politische und ökonomische Verantwortung nur von denen getragen werden könne, die die Reife dazu hätten, doch dieses nicht immer zusammenfiele. (s. Weber 1958, 1-25)

Die Einlassungen zu Watzlawik, Bloch und Weber nehmen Aspekte auf, die sich schon in diesem Buch finden:

– Individuelle ungleichzeitige Entwicklungen prägen viele Gesellschaftsformationen.
– Geschichte wiederholt sich nicht 1:1, doch Fragen von Herrschaft überdauern.
– Sozialisations- und milieuspezifische Färbungen bedingen (Herrschafts-) Interesse.

Auch hier haben wir es mit Phänomenen zu tun, die überdauern, doch, wenn wir sie in eine andere Aktualität einbringen, stellen sie eine »anachronistische Verwilderung« (Bloch) dar. Zitate aus der Vergangenheit können damit kein aktueller Kitt sein, doch dennoch mehr als nur Hinweise liefern. Bloch trägt das »Prinzip Hoffnung«, bei Watzlawik und Weber tritt ebenfalls eine durchaus subjektive Kategorie zu Tage: Vertrauen. Kann ich meinem Nachbarn oder der »großen Politik« vertrauen? Nach welchen Kriterien kann Vertrauen »funktionieren«?

Drei für diesen Zusammenhang wichtige Einlassungen zu »Gerechtigkeit« und »Handeln« erweitern den begrifflichen Gehalt und geben damit weitere Konturen für generationenspezifischen Folgerungen:

– eine philosophische,
– eine psychologische Annäherung und
– eine »pädagogische inspirierte Erzählung« als Synonym für Zukunft.

Philosophische Annäherung

Eine radikal konstruktivistische Herangehensweise an »Gerechtigkeit« hieße, diesen Begriff als substanzlose Hülle zu sehen, also bezüglich des Hammers oder der deutschen Geschichte zu sagen, dass vieles zwar nicht unbedingt zu rechtfertigen, doch subjektiv nachvollziehbar sei, denn etwas Objektives gäbe es ohnehin nicht. Für den Philosophen Forst ist dies eine »irreführende Auffassung«, denn Gerechtigkeit wäre von normativen Füllungen situativer und in der Folge willkürlicher Herrschaft abhängig. Um willkürliche Herrschaft zu vermeiden sieht Forst Gerechtigkeit als relationale Größe, die nach Gerechtigkeit zwischen den Menschen fragt (s. Forst 2007, 271ff).

Gerechtigkeit darf nicht – nehmen wir das Beispiel Blochs – auf intersubjektiv Moralisches reduziert werden, sondern Gerechtigkeit erfordert, dass alle als gleich und gleichberechtigt betrachtet werden. (Soziale) Gerechtigkeit nach dem Forstschen Verständnis muss einem Verfahren reziprok-allgemeiner Rechtfertigung im relationalen Sinn unterworfen sein. Zentrale Einsicht und damit die erste Frage ist die nach Macht und Gerechtigkeit. (s. Forst 2007, 280)

»Gerechtigkeit ist stets eine ›relationale‹ Größe, indem sie nicht primär nach subjektiven oder objektiven *Zuständen* (wie Mangel oder Überfluss), sondern nach gerechten *Verhältnissen* fragt und danach, was sie aus welchen Gründen einander schulden.« (Forst 2007, 274)

Innerhalb einer »kritischen Theorie der Gerechtigkeit als Kritik der Rechtfertigungsverhältnisse« (Forst) steht der Kantische Autonomiecharakter als Bedingung: Autonomie und Würde eines Mensches fußen auf Normen und Strukturen, die allen Beteiligten gegenüber gerechtfertigt werden müssen. Eine Verletzung der Würde findet auch statt, wenn Individuen lediglich als Empfänger Objekte von Umverteilungen sind; dies betrifft sowohl minimale (fundamentale) als auch maximale Sphären von Gerechtigkeit.« (s. Forst 2007, 281f)

Gerechtigkeit findet in dieser Folge seine Rechtfertigung durch ein diskursiv-konstruktives wie demokratisches Verfahren, bei dem »(…) die ›Rechtfertigungsmacht‹ unter den Bürgern möglichst gleich verteilt ist.« (Forst 2007, 282) Dieser Rechtfertigungszwang geht über ein bloßes Vetorecht hinaus, weil die Kriterien für jedwede Verteilung (Gesundheit, Arbeit, Bildung usw.) innerhalb einer Teilhabegerechtigkeit primär güter- und empfängerzentriert argumentiert werden sollen.

Heikel scheint zunächst bei diesem Denkmodell, dass an die Stelle einer umfassenden Gerechtigkeit eine basale soziale Inklusion tritt. Auf den zweiten Blick jedoch trägt der existente »Plural von Gerechtigkeitssphären« (Forst führt hier Generationen-, Bildungs-, Zugangs-, Bedarfs-, Geschlechtergerechtigkeit an) eher zu einer »Rechtfertigungsgerechtigkeit« denn zu einer Gerechtigkeit selbst bei (s. Forst 2007, 285).

»Vollwertige Mitgliedschaft in einer demokratischen und gerechten Gesellschaft heißt nicht nur, am gesellschaftlichen Leben zu partizipieren, sondern berechtigterweise zu wissen, dass die bestehenden Institutionen generell rechtfertigungsoffen und rechtfertigungssensitiv sind. Mehr noch, im vollen Sinne heißt es, dass die soziale Grundstruktur hinreichend gerechtfertigt ist – auch und gerade vor dem *worst off*.« (Forst 2007, 287)

Diese Rechtfertigungsethik impliziert ein bestimmtes Menschen- und auch Weltbild: nämlich das selbstaktiv vernunft- und moralgeprägte Individuum in einer diskursfähigen Gesellschaft. Die Gründe und die intellektuelle Basis der Rechtfertigung müssen prinzipiell vernünftigen Personen zugänglich und einsichtig sein. Ein Mensch muss nach diesem Verständnis in der Lage sein, Handlungen vor in einer »Rechtfertigungsgemeinschaft« verantworten zu können.

Nach Forst heißt das nicht, zu verallgemeinerten oder identitätslosen Anderen zu verkommen, sondern »(…) bei aller Partikularität die Autorität der moralischen Gemeinschaft aller Menschen (bildlich gesprochen) ›hinter sich‹ zu haben.« (Forst 2007, 33)

Der Blickwinkel der Menschen ist in dieser Theorie nicht beschränkt auf eine möglichst rationale Realisierung eigener Ziele und Zwecke, es wird vielmehr nach einer Begründung gefragt, die das Handlungsziel und die Handlungsmittel der »(…) Rechtfertigung der *anderen* als moralisch Betroffene unterwirft.« (Forst 2007, 26) Diese praktische Vernunft gehört intersubjektiv vertreten. Wichtig ist jedoch, dass trotz aller Bemühungen eine Antwort als rational gelten mag, doch auch andere rationale oder noch rationalere existieren mögen (s. Forst 2007, 26).

Rationale Begründung und vernünftige Rechtfertigung stellt immer die Frage nach der ethischen Rechtfertigung, die sich in drei Dimensionen zeigt:

a. Die Rechtfertigung, die anderen gegeben wird, muss vor und für sich selbst verantwortet werden können. Sie muss in ihrem Selbstverständnis für die eigene Identität konstitutiv sein.
b. Gegenüber Menschen mit einer (latent) anderen Wertstruktur gilt es, das eigene Handeln über geteilte Werte und bestehende konkrete Beziehungen zu rechtfertigen und im Sinne praktischer Vernunft einen Kontext gemeinsamer moralischer Pflichten zu erschließen.
c. Die Transzendierung der eigenen Perspektive kann bei ethischen Gemeinschaften zur Versicherung und gleichzeitigen Erweiterung der eigenen Identität den Charakter der Gemeinschaft neu bestimmen. (s. Forst 2007, 27f)

Vernunft und Moral müssen nach diesem Denkansatz sich selbst und allen vernünftigen Personen zugänglich und einsichtig sein.

Psychologische Annäherung

In der Sozialpsychologie erfolgt der Diskurs um Gerechtigkeit in erster Linie nicht nach Kriterien abstrakt allgemeiner Vernunft, sondern eher nach dem Kriterium »Vertrauen«. Nicht die Gesellschaft, sondern »mein« Gegenüber bestimmt zunächst das Verhalten. Vertrauen bedeutet, subjektiv eine Komplexitätsreduktion vornehmen zu können, Angst abzubauen. Verhaltenssicherheit entsteht über positive Signale, die eine gegenseitige Vertrauensinvestition bedeuten. Dieser gegenseitige Prozess wird durch Bedingungen gefördert, die allgemein in Lebenssituationen auch ohne eigenes Zutun positive Ereignisse befördern. Motivational wird dieser Prozess durch die Erwartung eines Vorteils gestärkt. Insofern fußt soziales Handeln grundsätzlich auf immateriellen (z.B. emotional) und materiellen (z.B. finanziell) Austauschprozessen. Der Selbstkonzeptaspekt korreliert mit dem Fremdkonzeptaspekt. Wertigkeiten werden angeglichen und darüber entsteht auf einer neuen oder bestehenden Vertrauensebene Interaktion. (s. Balz 1999, 74f)

Basis für ein solches Gerechtigkeitsgefühl sind selbst erlebte Gerechtigkeiten oder Ungerechtigkeiten. Gerechtigkeitsvorstellungen orientieren sich an Regeln der Verteilungsgerechtigkeit bzw. prozeduralen und distributive Gerechtigkeitsvorstellungen.

In prozedurale Vorstellungen fließen allgemeine strukturelle und intrapersonale Aspekte ein:

– Strukturelle Aspekte: Beteiligung aller, Konsistenz, Unvoreingenommenheit, Genauigkeit und ethisch-moralische Grundsätze (s. Müller nach Balz 1999, 77).

– Intrapersonale Aspekte: Berücksichtigung von Bedürfnissen und Interessen, kommunikative Integrität, flexible Behandlung von Betroffenen, rasche Rückmeldung und Aufklärung.

Distributive Gerechtigkeitsvorstellungen basieren auf Reziprozität: Der Empfänger sieht sich verpflichtet, sich zu revanchieren, weil er nicht als undankbar erscheinen will. Der Gewinn einer Aktion muss in Relation zur Aufwendung stehen. Das Ideal des »gerechten immateriellen oder materiellen Tauschs«, so führt Balz nach Homans aus, ist, wenn sich bei steigendem persönlichen Einsatz (Aufwendung) der Rücktransfer (Gewinn) vergrößert. (s. Balz 1999, 81) Hintergrund für den Tausch sind auch bei psychologischer Betrachtung Normen und Regeln von Gemeinschaften.

Der Frage nach der »Vernunft« aus philosophischer Sicht steht in der Psychologie eher das »subjektive Interesse« gegenüber. Den einzelnen Akteur interessiert aufgrund seiner Vorgeschichte nicht unbedingt, ob etwas aus objektiven Gesichtspunkten »richtig« oder »falsch« ist. Hintergrund für die Interpretation ist eine zumindest subjektiv gefärbte eigene Geschichte in der »großen« Geschichte. So gibt es Schnittmengen in den dargelegten Wissenschaftspositionen, doch sind sie nur auf einer sehr abstrakten Ebene zu verknüpfen. In der Alltagserfahrung der Menschen spielen sie jedoch kaum eine Rolle.

Postman schreibt in seinem Buch »Keine Götter mehr – Das Ende der Erziehung« (1995), dass Kinder in Schulen Götter bräuchten, die Herzen und Köpfe erobern und obendrein einen motivierenden Grund für das Lernen liefern (s. Postman 1995, 19). »Götter« stehen für Postman als Synonym; in anderen Zusammenhängen werden sie als »Mythos«, »Illusion«, »Ideologie« oder »Vision« bezeichnet. Die Art des Erzählens steht für ihn im Vordergrund, indem der Welt Bedeutung gegeben wird. (s. Postman 1995, 24f) Ohne diese gemeinsame Erzählung, die identitätsstiftend ist, gerät eine Gesellschaft aus den Fugen. Technik oder Konsum allein können keine Erzählung sinnhaft werden lassen. Insofern ist für Postman ein verblendender Gott noch besser als keiner. Ohne Götter treten Desintegrationserscheinungen (Selbstmord, Drogen, Gewalt, blanker Egoismus) auf die Tagesordnung. Zentral ist für Postman, dass eine miteinander geteilte Erzählung (z.B. USA als kultureller Schmelztiegel – wir gehören alle dazu, haben alle etwas dafür gegeben) einen guten Grund, also Motivation für das Große und Ganze des Lernens, liefert (s. Postman 1995, 34).

Diese »miteinander geteilte Erzählung« erlebte der 1931 geborene Postman als Schüler noch selbst (»Meine eigene Schulzeit kann hier als Beispiel dienen.« [Postman 1995, 29]). Postman, jüdischer Abstammung, besuchte eine öffentliche und eine jüdische Schule, in der die »Stammeserzählung« lernte. In seiner Weise des Lernens gab es keinen Konflikt zwischen der »Demokratie-Geschichte und jener des erwählten Volkes« (Postman 1995, 29). Die »Schmelztiegel-Geschichte« ließ allen anderen Kulturen ihren eigenen Platz und fädelte diese in die große gemeinsame Geschichte ein. Gewisse Themen der großen amerikanischen Erzählung hatten universelle Prinzipien mit seiner »Stammesgeschichte« gemein:

»Themen, die fast universelle Prinzipien ausdrückten – zum Beispiel Familienehre, Selbstbeherrschung, gesellschaftliche Verantwortung, Demut und Mitleid mit den Ausgestoßenen. Diese Erzählungen miteinander zu versöhnen, war für mich und meine Klassenkameraden in der Schule nicht schwer, obwohl sie aus irischen, griechischen, italienischen und deutschen Familien kamen, die ihre eigenen Stammesgeschichten mitgebracht hatten. Sie mischten diese mit den großen Erzählungen, die in der Schule gelehrt wurden, bereicherten sie mit ihren Traditionen.« (Postmann 1995, 30)

Postman webt damit in das »gesellschaftliche Projekt Gegenwart und Zukunft« (Finkeldey), die eigene (Stammes-) Geschichte in die »große Erzählung« ein. Ohne die »große Erzählung« fehlt der gesellschaftliche Kitt, das gesellschaftliche Miteinander.

Generationenspezifische Folgerungen

Ist dieser gesellschaftliche Kitt, die Basis für vernünftiges Handeln (s. Forst) oder das notwendige prozedurale und distributive Gerechtigkeitsgefühl (s. Balz)? Wenn wir in Bourdieus Buch »Wie die Kultur zum Bauern kommt« hineinschauen und den Gedanken herausnehmen, dass die Zukunftsvorstellungen der traditionellen Bauern nichts mit denen der Wirtschaftsplaner zu tun habe (s. Bourdieu 2001, 15), dann fehlt bei dem Aufeinanderprallen von verschiedenen »Erzählungen« der Kitt. Vernunft und Moral sind nach diesem Denkansatz nicht allen vernünftigen Personen gleichsam zugänglich und einsichtig. Das widerspricht auch den Auszügen aus dem hier herangezogenen philosophischen Ansatz von Forst.

Die Zitationen von Watzlawik und Bloch erscheinen damit in einem neuen Licht: Es gibt individualpsychologische Momente und gesellschaftliche Konfliktsituation, denen ebenfalls der Kitt »Verständigung« fehlt. Sie unterscheiden sich »nur« aufgrund struktureller Besonderheiten: Die Person, die den Hammer hätte ausleihen können, kann keine Ahnung vom Anliegen seines Gegenübers haben, weil beide offensichtlich ohne jegliche gemeinsame Alltagsgestaltung leben. Trotz des Besitzes eines Hammers, der den psychischen Konflikt des Nachbarn auslöste, trifft ihn keinerlei Schuld. Der »Hammerlose« hat unvernünftig gehandelt. Sein Verhalten ist weder zugänglich, einsichtig noch von Gerechtigkeit getragen. Bei Bloch liegt das Problem auf der Ebene der »Vernunft«. Aus aktuellen Erwägungen ist das rückwärtsgewandte Reagieren auf eine brisante politische Situation nicht »vernünftig«, doch ist die Zeit des Nationalismus gleichzeitig der »GAU« menschlicher Vernunft. Zentral ist hier die Denkfigur der »gleichzeitigen Ungleichzeitigkeit«: Sowohl auf der politischen als auch der humanistischen Ebene gibt es keine Näherung. Das ist bei Weber mit dem nationalökonomischen Denken und dem vernünftigen Handeln aufgrund des höheren Interesses »staatliches Vorankommen« »einfacher«, könnte aber bei dem Blochschen Beispiel ähnlich interpretiert werden. Damit sind wir übrigens wieder gedanklich bei Bourdieus Bauern und Zukunftsplanern. Wenn qua willkürlich gesetzter und ebenso durchzusetzender Macht die Vernunft als »eindimensionale Vernunft« besetzt ist, kann kein im Forstschen Sinn »vernünftiges Handeln« stattfinden. Die »große Erzählung« oder auch die Vorstellung von subjektivem Gerechtigkeitsempfinden folgen nicht Inklusionsideen; Exklusion ist das Ziel und Muster für diese Identität.

Für das Generationenverhältnis können wir ein weiteres Zwischenfazit ziehen: Von Generationengerechtigkeit kann nur gesprochen werden, wenn es sich um einen transparenten Prozess unter Gleichen handelt, deren Interessen zieloffen, vernünftig und vertrauensvoll von allen Betroffenen gemeinsam geführt wird. »Stammesgeschichten« und »Alterskohortengeschichten« bilden die Basis für die gemeinsame »große Geschichte«. Davon sind wir in der Praxis jedoch meilenweit entfernt.

Jugendlicher Generationenwechsel als Denkfigur[29]

Wer den Altersaspekt bei Jugendlichen thematisiert, spricht von Verantwortungsübernahme: Sind Kinder und Jugendliche in der Lage, bei gesellschaftlichen Entscheidungen mitzubestimmen? Nicht nur für den Jugendforscher Münchmeier ist das Lebensaltersmodell von Jugend nur scheinbar eindeutig. Die Vergesellschaftung der Jugend ist dabei wichtiger als das Lebensalter (s. Münchmeier 2001, 101). Vergesell-

29. Dieser Abschnitt entstammt einer früheren Publikation von mir. Für diesen Zusammenhang habe ich die Passage leicht überarbeitet. (s. Finkeldey, Lutz (2002): Jugend im Hexenkessel – Zwischen Anpassung und Ausgrenzung, Bochum, S. 24-27)

schaftung bedeutet in sehr entscheidendem Maß, in die (post-) moderne Sozialisationsinstanz Erwerbsarbeit eingeführt zu werden. Jugend kann sich in diesem Prozess weniger als früher auf konventionelle Orientierungen verlassen. »Sie wird aus der Generationenabfolge herausgelöst und freigesetzt.« (Münchmeier 2001, 102) Sie ist gezwungen, ihre eigene Biographie zu gestalten, ohne auf »bewährtes« Erfahrungswissen zurückgreifen zu können. Wenn wir heute von der Krise der Arbeitsgesellschaft sprechen, also dass der Arbeitsgesellschaft die Arbeit ausgehe, so ist die Jugendphase bezüglich der »Sozialisationsinstanz Erwerbsarbeit« ebenfalls problematisch. Die Zerbröselung der Sphäre der Erwerbsarbeit hat unweigerlich massive Konsequenzen für die (Un-) Glaubwürdigkeit der aktuellen Elterngenerationen. Jugendliche können sich immer weniger an Erwachsenen orientieren und werden obendrein noch mehr auf ihre Altersgruppe zurückgeworfen. Das verlängerte Schülersein trägt zudem zur Entmischung der Generationen bei, weil erwerbsbedingte Erfahrungsräume zwischen den Generationen altersmäßig nach hinten verlagert werden. Das Reiben an Älteren entfällt, Jugend wird zum Maßstab der Jugend (s. Münchmeier 2001, 106f). Somit hat sich die Schere zwischen Jugend und Erwachsenen weiter geöffnet. Jugendlichen wird in der Gestaltung ihrer eigenen Biographie eine Eigenverantwortung zugeschoben, die in der Arena der Erwachsenen und der »Großen Politik« im Sinne eines Vorlebens kein Äquivalent hat.

Gesellschaften sind durch Menschen geschaffene und veränderte Kollektivsysteme. Die Bindungen innerhalb dieser Kollektivsysteme wandeln sich, denn Menschen müssen sich in physischer, historischer und auch gesellschaftlicher Hinsicht der sich ändernden Umwelt anpassen. Kultur ist und war immer ein Kompromiss verschiedener Subkulturen oder ehemals eigener Kulturen. Die zunehmende Arbeitsteilung zwischen Menschen und Gesellschaften führt zu einer weiteren Fragmentierung von Erlebtem und Wissen, lässt konkrete kulturelle Bindungen zunehmend aus dem Alltag verschwinden. Wesentlich dabei ist, dass Anforderungen an Menschen in unserer heutigen Gesellschaft bestehen, für die keine Kompetenz über die eigene Geschichte erworben wurde, Lösungsfragen werden individualisiert. Zwei Realitäten werden deutlich: Jugendliche erleben über das Alltagsbewusstsein der

Mehrheit der Erwachsenen, die etwa ihr 50. Lebensjahr erreicht oder überschritten haben, Einschätzungen und Werthaltungen, die in vielen Teilen für sie nicht mehr lebbar sind, und werden zudem mit einer Arbeitswelt konfrontiert, die Konträres erfordert. Dies soll nicht darüber hinwegtäuschen, dass Verhaltensweisen von Jugendlichen in hohem Maß von Schichtzugehörigkeit, Geschlecht, sozialmoralischen Milieus, Schulbildung usw. geprägt sind, so dass die Unterschiede zwischen den Jugendlichen untereinander größer sein können als zwischen Jugendlichen und Erwachsenen (vgl. Roth/Rucht 2000, 284). Strukturell aber bleibt, dass die Sphäre der Erwerbsarbeit Verhaltensweisen erfordert, die sich biographisch gesehen massenhaft erst in jüngerer Zeit aufgetan haben.

Ein Unterschied, der sich zwischen Erwachsenen und Jugendlichen im Generationenwechsel immer wieder auftut, ist der des »unterschiedlichen Denkens«. Kindern und Jugendlichen halten wir einen Mangel an Reife und Verständnis für politische Fragen vor. Jugendliche haben, so der Münchner Psychologe Oerter, Fähigkeiten zum formallogischen Denken. Politisches Denken erfordert komplexes und dialektisches Denken, zu dem Jugendliche weniger oder kaum fähig sind. Insbesondere bei der Lösung von Widersprüchen, die sich nicht logisch aufheben oder bearbeiten lassen, wenden Jugendliche (bis 18 Jahre) fast nie dialektisches Denken an. Bei politischer Mitentscheidung dürfe dialektisches Denken nicht zu gering veranschlagt werden, weil ein wesentlicher Prozess politischer Arbeit darin bestehe, über gegensätzliche Positionen zu verhandeln, diese herauszuarbeiten und miteinander zu versöhnen (Oerter 1998, 36).

Mit diesem Befund gibt sich Oerter jedoch noch nicht zufrieden, sondern nennt zwei Bestimmungsgrößen: fluide und kristalline Intelligenz. Fluide Intelligenz bedeutet, kultur- und wissensunabhängige Leistungen mit hoher Verarbeitungsgeschwindigkeit zu erbringen. Diese ist bei Jugendlichen schon voll entwickelt; erreicht gar den Höhepunkt. Kristalline Intelligenz umschließt das im Laufe des Lebens übernommene kulturelle Wissen. Beide Intelligenzkomponenten haben mit Entscheidungsfähigkeit zu tun. Die kristalline Intelligenz, die als lebenslanger Enkulturationsprozess zu verstehen ist, ist jedoch noch nicht im Sinne der komplexen Entscheidungsfindung bei Jugendlichen voll ausgeprägt, weil Wissen für Analogiebildung fehlt. Denkprozesse funktionieren nicht nur mit Wissensinhalten, sondern sie bauen sich bereichsspezifisch und in steter Wechselwirkung mit dem Wissenserwerb auf (s. Oerter 1998, 36f). Wenn mit Oerter die Vermutung hinzugenommen wird, dass Wissen auch hinderlich sein kann, weil bekannte Problemlösungsstrategien neue Erkenntnisse bzw. Lösungswege verhindern, wird eine Differenzierung immer schwieriger. Mit zunehmendem Alter werden in Denkprozessen »alte« Pfade beschritten, die Rechtfertigung z.B. von Armut zulassen (Selbstschuldzuweisung) oder neue Lösungswege behindern oder blockieren. Allerdings sind die Unterschiede innerhalb der Altersgruppen oft größer als zwischen den Altersgruppen (Oerter 1998, 38).

Das von Oerter Dargelegte scheint plausibel: Denkprozesse können nicht ohne Wissen stattfinden, mehr Wissen schafft die Plattform für die Bewältigung komplexerer Entscheidungen im Sinne dialektischer Problembewältigung. Jugendliche können aufgrund »geringeren« Wissens kreativere Lösungen befördern, doch fehlt die letztendliche Grundlage für weittragende Entscheidungen.

Sozialisation bedeutet das Einleben in eine Kultur. Nach Postman können spezialisierte Fähigkeiten nur durch eine allgemeinere Kompetenz erreicht werden, womit für ihn die ökonomische Nützlichkeit ein Nebenprodukt einer guten Erziehung ist (Postman 1995, 50). Postman erhebt damit, ähnlich wie auch Oerter, ohne es direkt zu benennen, ein Plädoyer für eine breite Allgemeinbildung. Daraus ist zu folgern, dass erst sie ein möglicher Garant für das Durchdringen komplexer Prozesse ist.

Sind aus den Gedanken um Denkprozesse markante Differenzen für unter oder über 18-jährige abzuleiten? Ein klares »Ja/Nein« ist die Antwort: Weder junge noch ältere Menschen bilden einen monolithischen Block. Es können folglich »nur« Anhaltspunkte geliefert werden, die Differenzen benennen. Im Idealfall können sich unterschiedliche Denkweisen ergänzen. Dies kann aber nur gelingen, wenn dieser Prozess nicht per se vermachtet ist, also Jugendliche ihre Möglichkeiten haben, sich in die »große Politik« einzubringen und auch beispielsweise ältere Menschen bei Fragen zu Kindern und Jugendlichen sich nicht nur deshalb als Expertinnen und Experten betrachten, weil sie auch »mal jung waren«. Verhaltensweisen und Äußerungen Jugendlicher müssen nach dieser Denkfigur als Gradmesser für gesellschaft-liche Umbrüche stehen, denn sie repräsentieren die Zukunft.

Menschen ohne Vernunft

Vernunft, bei der eine wichtige Voraussetzung eine gute und breite Allgemeinbildung darstellt, baut auf dialogischem Entwickeln in einem nicht-vermachteten Diskurs auf. So habe ich es sinngemäß mit dem Philosophen Forst dargelegt. Wenn wir nun aber den Gedanken Becks mit dem »Nicht-Wissen-Können« sowie die Beschleunigungstheorie von Rosa hinzunehmen, so werden sich doch Kinder und Erwachsene, was die Gültigkeit und das Haltbarkeitsdatum von Wissen für Zukünftiges betrifft, immer ähnlicher. Dass, was den Erwachsenen ausmachte, nämlich vernunftsmäßig zu sein, darauf rationale Entscheidungen für die Zukunft entwickeln zu können, bekommt die Einschränkung, dass in einem rasanten gesellschaftlichen Wandel mit ungeheurer Beschleunigungsdynamik vernünftiges Handeln selbst permanenten Neukonstruktionen unterworfen ist. Vernunft fehlt daher prognostisch gesehen eine Substanz, die Vernünftiges beurteilen lässt. Oder vernünftiges Handeln bedeutet, nur Entscheidungen zu treffen, deren Tragweite bei deren Einführung absolut erklärbar ist. In diesem Sinn war Vernunft spätestens seit der beginnenden Industrialisierung trotz aller vorherigen Leugnungen wertgebunden. Denn Vernunft beinhaltet eine bestimmte Form modernen Lebens, welches eine Eigendynamik entwickelt hat, die vielfach vernünftiges Handeln erzwingt, weil anderes als unvernünftig zählt. Oder spielt im Begriff von Vernunft Zukunft keine Rolle oder soll Wissenslücken vernünftig begegnet werden?

Diese Zuspitzung erlaubt keine einfachen Schlussfolgerungen. Dewey und von Hentig sprechen aus Sicht der Pädagogik von einer eher erzwungenen Vernunft, denn die Pädagogik liefert für vermeintlich Vernünftiges Gebrauchsanweisungen. Sie definiert nicht, was vernünftig ist oder nicht. Technische Entwicklung setzt aufgrund neuer Möglichkeiten Optionen, die in Vernunft verkörpert eingeführt werden. Postman sucht die große Erzählung für die Metapher »Götter«. Auch dabei handelt es sich um eine gebundene Vernunft. Vernunft wird damit eher ex post legitimiert. Brauchen wir einen neuen Vernunftbegriff für postmoderne Beschleunigung mit einhergehender Freisetzung von Individuen? Die Auseinandersetzung mit der Sozialraumtheorie Bourdieus und der Milieutheorie von Vester et al spricht dafür, was sich im übrigen auch bei Forst wieder findet, dass nachvollziehbares Verhalten, also das, was wir durchaus als vernünftig titulieren, gemeinsamer Erfahrungsräume bedarf. Wenn aber diese Erfahrungsräume sehr weit auseinander klaffen, die Schnittmengen geringer werden, gibt es entweder nur sehr abstrakt vernünftiges Verhalten, das den Impetus einer von außen herangetragenen Wertstruktur nicht völlig leugnen können wird oder im überschaubaren Raum, in dem Erfahrungen erster Hand noch eine große Rolle spielen.

Für Ökologen wird auf der alltäglichen Handlungsebene vernünftiges Verhalten oft nicht sichtbar oder auch nicht belohnt. Mit dem Beispiel des Abwassers machen sie deutlich, dass wir, wenn wir an Großkläranlagen angeschlossen sind, in unseren Ausguss kippen können, was wir wollen. Selbst bei hochgiftigen Stoffen erfahren wir keine direkten Folgen. Die haben wir vergesellschaftet. Freilich setzen Kampagnen für sauberes Wasser bei Verbrauchern Vernunft in das Zentrum, doch die »große« Vernunft wird ohne persönliche Verantwortung gern ignoriert und durch »Ich kann ja doch nichts ändern.« übergangen. Wenn wir hingegen biologische Kläranlagen für einen Häuserblock oder eine Siedlung hätten, wären die Folgen sichtbar. Ursache und Wirkung fielen zusammen. Vernünftiges Umgehen mit dem gemeinsamen Gut Wasser bekommt darüber einen anderen Sinn. Die Kategorie Betroffenheit wird mit ihrem emotionalen Bestandteil in diesem Denkansatz zentral. An dieser Stelle bleibt festzuhalten, dass es offensichtlich einen Zusammenhang zwischen Vernunft und Betroffenheit gibt, der obendrein emotional verankert sein muss.

ExpertInnenherrschaft oder subjektive Aneignung der Welt

Am 3./4. Mai 2008 titelt die Frankfurter Allgemeine Zeitung auf Seite C4 unter »KURZ UND BÜNDIG«, dass deutsche DAX-Unternehmen sich offenbar zunehmend bemühten, heterogene Belegschaften zu nutzen. Sie bezieht sich dabei auf den »Business Case Report« der Unternehmensberatung »Ungleich Besser«, deren Spezialisierung bei Diversity Management liegt. Bei Ford, so die Beratungsagentur, könnten heterogene Teams komplexe Aufgaben besser lösen, die University of Illiois habe mit einer Studie aufgezeigt, dass ethische Vielfalt einen überdurchschnittlich hohen Marktanteil und Gewinn mit sich bringe. (s. FAZ 3./4.5.2006, C4)

Platon spricht in »Der Staat« von zersetzenden Kräften für selbstsüchtige Zwecke (s. Hildebrandt in Platon 1973, XIII). Privatwirtschaftlich organisierte Unternehmen verfolgen qua Anspruch selbstsüchtige Zwecke, denn sie wollen sich, was nach dem derzeitig herrschenden ökonomischen Mainstream-Denken auch konsequent und logisch ist, für ihre Shareholder Gewinne erzielen. In der Konsequenz betriebswirtschaftlichen Denkens, dass nationalstaatliches oder volkswirtschaftliches in den vergangenen fünf Jahrzehnten mit zunehmender Beschleunigung abgelöst hat, fehlt der »große« Zusammenhang als »Metaerzählung«. Handeln für die Gemeinschaft weicht selbstsüchtigen Zwecken. In diesem Sinn ist Diversity als Strategie innerhalb einer Unternehmensstrategie nur konsequent.

Der Begriff »Diversity« transportiert weit mehr, bedarf jedoch grundsätzlich einer konsequenten Kontexteinbindung. »Diversity« bedeutet z.B. im Rahmen der EU-Sozialfonds- Programme »Vielfalt« in struktureller, sozialräumlicher und milieuspezifischer Hinsicht, Analyse von Akteurskonstellationen, Wirkungsweisen und Implementationsbedingungen. »Vielfalt« ist in dieser Strategie eine Antwort auf »Einfalt«. Gemeinwesen schimmern mehr, als dass sie sich rein ökonomisch fassen ließen. In der Spannung von Gemeinwesen zu EU-Politik und umgekehrt, dem relativen Paradox von Vielfältig-Sein-Wollen und Anders-Sein-Können sowie einem sozialen, politischen und wirtschaftlichen Konsens als europäische Chance liegen die Schwerpunkte eines solchen Diversity Ansatzes. Auf der anderen Seite kann Diversity auch im Rahmen von Differenz- und Pluralismusvorstellungen machttheoretisch verwendet werden. Diversity als beherrschte Diversity kann zur Festigung oder Eroberung von Positionen und unfairer Verteilung von Ressourcen beitragen. Vielfalt wird auf diese Art und Weise als Teil symbolischer Politik zu Einfalt, die Vielfalt suggeriert.

»Einfalt« als Kritik an der Dominanz der Spezialistenzünfte war seit den fünfziger Jahren des 20. Jahrhunderts eines der Lieblingsthemen von Ivan Illich:

»Wir müssen heute die Tatsche erkennen, dass die Spezialistenverbände, die heute Macht über die Schaffung, Zuweisung und Befriedigung von Bedürfnissen haben, ein neuartiges Kartell bilden.« (Illich 1983, 37)

Gesellschaftlich sich verbergende Eliten bestimmen sich über eine Zugehörigkeit zu sich selbst, lassen sich die Fähigkeit zuschreiben, objektiv zu definieren, was gesellschaftliche Bedürfnisse sind (s. Illich 1983, 39): Sei es im medizinischen, sozialen, oder ökonomischen Bereich. Das Ziel liegt im Bereich der Marktabhängigkeit, Tausch- und nicht Gebrauchswerte herzustellen.

»Wörter, die sich um die Aufmerksamkeit der Menschen bemühen, sind heute selten geworden. Images, Ideen, Gefühle und Meinungen, in technisch geplanten Massen durch die Medien verpackt und ausgeliefert, attackieren unsere Sensibilität regelmäßig, rund um die Uhr.« (Illich 1983, 15)

Schelte gegenüber ExpertInnen findet sich an der einen oder anderen Stelle dieses Buches. Gleichzeitig wird aber auch deutlich, dass eine Gesellschaft, die dermaßen von der Expertokratie durchdrungen ist, selbst, so paradox es auch klingen mag, ExpertInnen braucht, um überhaupt nur Ansätze für eine Entflechtung zu finden. Hentigs Forderungen weisen diese Aufgabe zum Beispiel gegenüber jungen Menschen der schulischen und außerschulischen Pädagogik zu. ExpertInnen, die sich dieser Sichtweise nicht stellen, sind je nach Blickwinkel LieferantInnen von Gebrauchsanweisungen, DemagogInnen, AutistInnen oder die einzig wahren DenkerInnen. Ich lege an anderer Stelle dar, dass der Bevölkerungswissenschaft aus Sicht ihrer KritikerInnen »Kaffeesatzleserei« attestiert werde, sie Auftragswissenschaft sei, die eine einseitige Verkürzung aus zweckrationaler Sicht der AuftraggeberInnen vornehme. Hymnische Verehrung trifft auf bodenlose Geringschätzung. Diese Heterogenität der Auffassungen ist dem jeweiligen Blickwinkel geschuldet. Der hier herausgearbeitete Zweifel mit seinen fundamentalen doch unüberprüften »Fakten« ist dem Fehlen von Metaerzählungen geschuldet. Das »Große und Ganze« ist vielen kleinen bezugslosen Erzählungen gewichen. Zur Vernunft habe ich herausgearbeitet, dass sie nur dann als Kategorie verwendungsfähig sei, wenn ein gemeinsames Bezugssystem bestehe. Das Bezugssystem »Vernunft« aber ist trotz oder wegen der Globalisierung nicht Pate einer ökonomischen Entwicklung, die auf Gleichheit abzielt. Die Zonen des Nichtwissens (Beck) oder die Beschleunigung (Rosa) »schreien« nach verzweifelter Identitäts- oder geistiger Heimatsuche. Sozialisation mit zunehmender Ich-Gestaltung – so wie als begleitende Schwester oder Bruder das lebenslanges Lernen – sind auch als Versuch des Subjekts zu deuten, einen Flickenteppich zu weben, der hoffentlich hinreichend feste Verknüpfungen aufweist.

Der emeritierte Latinist Fuhrmann beklagt zum geistigen Zustand in Deutschlands Schulen, dass selbst in den heutigen Gymnasien nur noch schwer abschätzbare Reste der allgemeinen Bildung erhalten seien. Ein Vergnügungspark von allerlei Kunstgenüssen bleibe. Die moderne Massengesellschaft benötige überall geschultes Personal, um für den vollen Genuss eines Kunstwerks einen übergreifenden Zusammenhang herstellen zu können. Spezialisten könnten die fehlenden Voraussetzungen nur notdürftig ausgleichen. (s. Fuhrmann 2002, 71ff)

Das Gelingen von Bildung als einem Teil von Identität liegt jedoch nicht allein in der Verfügungsmacht der Individuen oder der Bildungsinstitutionen selbst begründet, sondern muss durch einen gesellschaftlich vermittelten Prozess begleitet sein. Somit ist die soziale, politische und wirtschaftliche Praxis Teil einer Metaerzählung von Menschen in Bezugssystemen, die in der Folge deren Werte und Normen dominiert. Keupp sieht beispielsweise in der marktliberalistisch orientierten Politik eine Schranke für das Gelingen von Identität, weil sie von fragwürdigen gesellschaftlichen Metaerzählungen (nationalstaatliche, religiöse, sozialistische, kommunistische) flankiert werde. (s. Keupp 2006, 286ff)

Die mit Rosa und Vester et al dargelegte Entkopplung zwischen milieuspezifischen Beschleunigungs- und Erfahrungsprozessen lässt Maßverhältnisse entstehen, die mit einer gestrigen Interpretation des Aktuellen schief werden. Wenn also die Erwerbsgesellschaft seit Jahrzehnten massive Beschäftigungsprobleme transportiert, kann die biographische Verarbeitung der Menschen aller Altersgruppen davon nicht untangiert bleiben. In den Shell-Studien zur Jugend (s. Shell Studien 2002, 2006) wird Erwerbslosigkeit sehr deutlich als ein zentrales Problem der Jugend herausgearbeitet. Nicht nur die Angst um einen Arbeitsplatz, sondern allgemeine Verunsicherung ist für diese Generation die Folge. Die Ungleichzeitigkeit zwischen »alten Metaerzählungen« und aktuell notwendigen psychischen und ökonomischen Passungsprozessen tangiert immer mehr Menschen; vor allem aber in voller Breite jüngere Generationen.

Dem Ende der »großen Metaerzählungen« folgt, wie Beck schon in der »Risikogesellschaft« (Beck 1986) schreibt, nicht ein Vakuum, sondern an deren Stelle treten Narrationen im Sinne von Selbst- und Weltdeutungskonzepten. Diese Selbst-Identitätskonfigurationen teilt Keupp in drei Haupttypen auf, deren spezifische Diskurse Subjektpositionen als »kleinere Metaerzählungen« umschließen:

1. Erzählungen von der allseits fitten und konsumierenden Person,
2. Erzählungen von den ewigen Wahrheiten menschlicher Existenz (fundamentalistisches Selbst und nationales Größenselbst) und
3. Herausbildung eines reflexiv kommunitären Selbst. (s. Keupp 2006, 291f)

»Die identitätsformende Kraft von Metaerzählungen, ihr Einfluss auf die Selbstnarrationen der Subjekte, kann auch dann noch weiterwirken, wenn die gesellschaftliche Praxis, die eine Metaerzählung hervorgebracht, gestützt, gespeist und bestätigt hat, jene Praxis, auf die sich die Metaerzählung bezieht, nicht mehr existiert.« (Keupp 1986, 292)

Die ersten beiden Erzählungen erfahren im Zusammenhang meines Buches (LF) eher bis völlig negative Konnotationen. Sie beleuchten entweder nicht die äußerst heterogen Voraussetzungen seitens der Individuen (erste Erzählung) oder beziehen sich auf eine verkürzte, stark ideologisch gefärbte Interpretation der Welt, die als wahr etikettiert und von ihren AnhängerInnen kritiklos so gesehen wird. Mit der dritten Erzählung ist es etwas komplizierter.

Sie fußt auf dem Konzept des Empowerments, das auch in die Gemeinwesenarbeit mit sozial Benachteiligten Eingang findet. Die Kontrolle über die eigene Lebenssituation soll (weitgehend) hergestellt werden. Die für diesen Zusammenhang herangezogenen Protagonisten des Empowerments zielen auf Menschen im Kultur-, Bildungs- und Medienbereich. Die heutigen Deutungseliten sitzen jedoch nicht mehr auf einem »Lehrstuhl«, sondern einem »Regiestuhl«. Den »Möglichkeitssinn« für neue Erzählungen in einer inzwischen neu formierten Welt zu stärken sehen KommunitaristInnen als ihre Aufgabe an. (s. Keupp 1986, 293) Ob dieser Regiestuhl mehr als nur Gebrauchsanweisungen verwirklichen hilft, ob auch die Vernunft zur Beteiligung aufruft, bleibt kritisch anzumerken.

Anders formuliert: Die Identität des modernen Menschen erweist sich an seiner Fähigkeit und Bereitschaft zur biographischen Selbstreflexion. Schon Kinder haben heute die Chance und Pflicht, Selbst-Bastelbiographien zu konstruieren. Selbstmanagement und Selbstsozialisation spielen bei ihnen schon im Kindergartenalter eine bedeutende Rolle. Altersmäßige In- und Exklusionsrechte vor dem Hintergrund von Kindern als Träger und Produzenten ihrer Biographie nehmen über die drastischer werdende Chronologisierung des Lebenslaufs zu und definieren Alters- und Aufgabennormierungen. (s. Behnken/Zinnecker 2001, 16-32) Der »Regiestuhl« statt (traditionellem) Vorbildlernen hat scheinbar seinen unumkehrbaren Siegeszug angetreten. Dies – und das sei noch einmal besonders hervorgehoben – vor dem Hintergrund divergierender Metaerzählungen.

Der Kindheitsforscher Bucher geht in dem eben von Behnken/Zinnecker herangezogenen Buch der Frage nach, wie das eigene Kindheitsglück von ErzieherInnen auf die Glücksvorstellungen zu heutigen Kindern wirkt. Er kommt zu dem einhelligen Urteil, dass die Interpretation des Glücks heutiger Kinder vom eigenen Kindheitsglück abhängt und handlungsleitend für den eigenen Beruf als ErzieherIn ist. Die Glücksurteile sind in der Folge höchst subjektiv und weisen zudem etwas Eigentümliches auf: Das Unbekannte in der heutigen Kindheit wird problematisiert und nicht mit Glück assoziiert. Was z.B. nicht in die eigene Erzählung passt, wie z.B. die »Freizeitbeschäftigung Computerspiel«, wird gegenüber der Selbsteinschätzung heutiger Kinder als deutlich weniger »glücksfördernd« eingestuft (ErzieherInnen 35%, Kinder 70%). Auf dieser Basis werden die aus der Sicht der ErzieherInnen nachlassenden Kompetenzen »Konzentrations- und Begeisterungsfähigkeit« in Korrelation gesetzt. Bucher sieht die Aufgabe der Pädagogik deshalb darin, von vertrauten Glücksvorstellungen abstrahieren zu können und Projektionen zu vermeiden, die eine »Zwangsbeglückung« beinhalten. Er fordert einen intergenerationellen Dialog gegenseitigen Lernens. (s. Bucher 2001, 40ff) Diese Forderung lässt sich mit anderen Worten ebenso als Beginn einer vernunfthinterlegten gemeinsam neuen Metaerzählung bezeichnen.

Der us-amerikanische Pädagoge Postman schreibt Mitte der 90er Jahre des 20. Jahrhunderts, dass er unter der pädagogischen Welt litte. Ihm fällt auf, dass es in der Frage um Erziehung meistens um Mittel und nicht den Zweck gehe: »Ohne einen transzendentalen Sinn wird die Schulerziehung, wie wir sie kennen, nicht überleben.« (Postman 1995, 11) In der Folge dieser Erkenntnis sucht er nach »Göttern«, Metaerzählungen. Ökonomische Nützlichkeit ist bei dieser Suche ein Nebenprodukt guter Erziehung. Wer lernt, wirtschaftlichen Nutzen zu erzeugen ist nicht auch gleich ein gebildeter Mensch. Die ökonomische Nützlichkeit – als Gott oder Metaerzählung – steht aber über allem. (s. Postman 1995, 50ff) Das Buch von Postman ist ein Plädoyer für die öffentliche Schule, »(…) da noch niemand eine bessere Methode erfunden hat, eine Öffentlichkeit herzustellen.« (Postman 1995, 243) Die öffentliche Schule sieht er als Ort, eine »große Metaerzählung« zu befördern.

Kann das ein sinnvoller Schluss für diesen Abschnitt sein? Eine öffentliche Schule als Mittel zum Zweck der Wiedererlangung gemeinsamer Erzählungen zu propagieren? Der Pädagoge Hentig argumentiert ähnlich. Die Analysen zu Illich, Beck, Keupp, Rosa, Grundmann sind demgegenüber zumindest widerspenstig. Diversity of Sciences mit dem Zweck der Entmündigung durch Expertenherrschaft zu begegnen ist ein Baustein für mögliche (Erkenntnis zu) Änderung.

Keupp et al fragen sich in dem Buch »Identitätskonstruktionen« (Keupp et al 2006), wie es wahrscheinlich sein könne, dass sich Subjekte unter spätmodernen Lebensbedingungen Kohärenz und Authentizität sowie Anerkennungs- und Handlungsfähigkeit bewahren könnten. Ihre Antwort umschließt zunächst vier Bedingungen:
Gelingende Identität bedarf
- materieller Ressourcen,
- sozialer Integration und Anerkennung,
- igenwillige Verknüpfungen und Kombinationen verschiedner Teilrealitäten
  und
- Ambiguitätstoleranz. (s. Keupp et al 2006)

Zudem betrachtet das Autorenteam es unter Heranziehung des Soziologen Negt als förderlich, wenn diese Bedingungen mit fünf »Schlüsselqualifikationen« verbunden sind:
- Identitätskompetenz – aufgeklärter Umgang mit bedrohter und gebrochener Identität (auf traditionelle Identität kann immer weniger zurückgegriffen werden; Grund: Vertreibung aus gewachsenen Lebensverhältnissen, des Erwerbssystems oder aus Wohnmilieus),
- technologische und ökologische Kompetenz – Umgang mit den psychosozialen Nebeneffekten der spätmodernen Produktion (pfleglicher Umgang mit Menschen und ihrer natürlichen und kulturellen Umwelt),
- Gerechtigkeitskompetenz – Sensibilität für Enteignungsverfahren (gegen Untergrabung der Souveränität von Subjekten),
- historische Kompetenz – Erinnerungs- und Utopiefähigkeit (Erinnerungsarbeit mit dem Effekt psychischer Selbststabilisierung) und
- zivilgesellschaftliche Kompetenz (Ermöglichung von situationsunabhängigen Selbstdeutungen im gesellschaftlichen Zusammenhang). (s. Keupp et al 2006, 281-286)

Auch nach den Bedingungen für gelungene Identität und dafür notwendigen Schlüsselqualifikationen fehlt noch der »geistige« Ort für Metaerzählungen. Die Schule als Ort mit Zwangscharakter kann nicht all das erfüllen helfen, was Keupp mit Negt fordert. Die Stadt als physischer Ort gemeinsamen Nachdenkens ist, wenn sie es jemals massenwirksam überhaupt war, immer mehr am Zerbröseln, weil in ihr heterogene Eigeninteressen auf der Agenda stehen. Wer kann einen Aufmerksamkeitsraum, einen Ort gemeinsamen Nachdenkens schaffen? Die Philosophen habe ich schon an anderer Stelle herangezogen. Im Sinne Platons haben die kein Eigeninteresse. Die Theaterleute könnten es auch. Nur: Voraussetzung ist »Betroffenheit«, auf die erst »Vernunft« folgen kann.

Wie entsteht »Betroffenheit« im gesellschaftlichen Sinn, ohne »Betroffenheitsduselei« oder in »Platzhirschinteresse« zu verfallen? »Kollektives Gefühl« und »kollektive Vernunft« können dafür Begriffe sein, Begriffe gegen das Vergessen von »Gesellschaft«. »Bedürfnis« und »Vernunft« fehlen im alltäglichen Kontext immer mehr gemeinsame Erfahrungen. Übergeordnete Konstruktionen, wie Gebrauchsanweisungen oder Menschenrechte, sind Ausdruck des fehlenden gemeinsam Erlebbaren.

Freilich mag es wie eine Zumutung klingen, wenn Gebrauchsanweisungen mit Menschenrechten verglichen werden. Hier aber geht es strukturell um eine Analogie: Abstraktes wird für das Konkrete formuliert, weil die Tradierung im Sinne eines gemeinsamen Verständnisses fehlt.

Gebrauchsanweisung

Einige Pflege-Tips , damit Ihnen Ihr T-Shirt noch länger Freude bereitet:
- Vor dem Waschen Innenseite nach aussen kehren.
- Nur mit 40° waschen.
- Separat waschen.
- Die schonendste Waschart ist die Handwäsche.
- Nicht Chemisch-Reinigen.
- Nicht tumbeln.
- Nach dem Waschen in Form ziehen.
- Nicht in der Sonne trocknen.
- Nicht auf Heizelementen trocknen.
- Druckfläche nicht bügeln

Abbildung 25: Gebrauchsanweisung T-Shirt (Quelle: Shop im Thalia Theater, Hamburg)

Auf den ersten Blick mag es wunderbar sein, wie wir als KundInnen umsorgt werden. Auf den zweiten Blick aber treten Zweifel auf: Bin ich so dumm, dass ich das nicht weiß?

Mit dieser Gebrauchsanweisung wird einerseits unterstellt, dass wir das ohnehin nicht wissen und andererseits sichert sich die Herstellerfirma gegen jegliche Ansprüche ab. »Nicht-Wissen« durch »Nicht-Information« wird als möglicher Klagegrund ausgeklammert. Auch wird die Beweislast umgedreht. Die KäuferInnen müssen jetzt, wenn das Shirt nach der Wäsche Mängel aufweist, beweisen, dass sie alle Tipps beachtet haben. »Zu Risiken und Nebenwirkungen fragen Sie Ihren Arzt oder Apotheker.«

Menschenrechte

Menschenrechte sind nach dem praktizierten Verständnis der UN gute und richtige Wertungen für anständige Menschen. Aus der Sicht der radikalen konstruktivistischen Theorie aber stören sie: Sie passen nicht in die postmoderne Verfasstheit heutigen Lebens, dessen Ergebnisse auf Übereinkunft beruhen. Vorgaben sind demnach Hindernisse gegen die allgemeine Maxime des Selbstlaufs der Dinge. (s. z.B. Staub-Bernasconi 2003)

Der Fehler in der Betrachtungsweise des radikalen Konstruktivismus liegt im Verhältnis von Theorie und Praxis. Wie schon an anderer Stelle dargelegt, gibt es in der menschlichen Interaktion keine Wertfreiheit. Auch der »Selbstlauf der Dinge« ist bereits ein Wert, denn die Übereinkunft geschieht nicht aufgrund von Geschichtslosigkeit, sondern aufgrund von geistigen Prozessen, die Subjekthaftes, damit also Gefiltertes, transportieren.

Beispielhaft soll ein Vergleich zur marktliberalen Wirtschaftsposition gezogen werden. Marktliberale wenden sich vehement gegen Beschränkungen im wirtschaftlichen Geschehen … wenn ihre eigenen Interessen nicht berührt werden. In solchen Fällen wirken sie durch ihren Lobbyismus ein oder rufen sie Gerichte an, die ihre Werte bestätigen sollen. Das Interesse des marktwirtschaftlichen Subjekts wird so lange als wertfrei suggeriert, wie es sich durch andere nicht behindert fühlt. Die Schranken, die durch die eigene Macht aufgebaut sind, werden so lange »naturhaft« aufgeladen, wie sie benötigt werden. Bei der Bedrohung der eigenen Interessen sollen plötzlich aber andere in ihre Schranken gewiesen werden.

Ein strukturell ähnliches Modell findet sich auch bei einigen politischen Parteien: So hat in der Vergangenheit beispielsweise die Deutsche Kommunistische Partei (DKP) die Grundordnung der »alten« Bundesrepublik Deutschland abgelehnt, im Streitfall sich aber auf deren Gesetze berufen. Die Nationaldemokratische Partei Deutschlands (NPD) behauptet sich mit dieser Variante noch immer.

Politisches und Soziales als Kriterium für Veränderung

Sehr viele Menschen haben sich daran gewöhnt, dass Politik von »denen da in Berlin oder sonstwo« gemacht wird. »Politik ist das, was Berufspolitiker machen«, so überschreiben Oskar Negt und Alexander Kluge in ihrem Buch »Maßverhältnisse des Politischen« einen Abschnitt. Politik ist damit Expertinnen, vor allem aber Experten übertragen. Sie sprechen in unserem Namen, also für uns, die Wählerinnen und Wähler. Stellvertreterpolitik ist der gängige Alltagsbegriff dafür. Diese Politik lassen wir für uns agieren. (s. Negt/Kluge 1992)

»Im vorherrschenden Sprachgebrauch wird unter Politik das verstanden, was Politiker machen. (...) Hierzu gehören alle institutionellen Felder der Politik von der Gemeinde bis zur UNO. Jeder erkennt im Fernsehen, und auf den ersten Seiten der Tagespresse, wenn die Politik spricht. Ihr Gegensatz sind Unterhaltung, zum Teil das Lokale, die Künste, das Private, die industrielle Produktion, der Alltag, der chaotische Zustand oder die außergewöhnliche Lage, die durch die Netze des Politischen schlüpfen usf., außerdem eine Zone, die den Fachleuten vorbehalten ist, sowie die ›Sphäre der besonderen Gewaltverhältnisse‹, die von der Politik unbeherrscht bleiben.« (Negt/Kluge, 1992, 42)

Wir haben es mit einem arbeitsteilig entwickelten Sachbereich Politik zu tun, denn die Zuweisung zum Politischen basiert auf dem Prinzip des Mehrheitsinteresses. Im Weiteren ihrer Ausführungen ziehen Negt/Kluge Max Weber heran, der den Begriff des Politischen illustrativ durchaus sehr weit fasst, indem er sogar von der Politik einer klugen Frau, die ihren Mann zu lenken trachtet, spricht. Letztlich steckt in dieser Bemerkung, dass alles politisch sei.

Insofern muss unterschieden werden zwischen dem politischen Handeln im politischen oder gegen das politische System und dem alltäglich Politischen. Max Weber engt in seiner Analyse Politik ein, indem er das politische Feld in »politisches Handeln« und »Verwaltungshandeln« trennt. Politischem Handeln schreibt er den »Willen zur Macht« zu, den er wiederum Verwaltungshandeln, das der Politik ebenso wie die Wissenschaft zuarbeiten soll, abspricht. Der Politiker ist für Max Weber der Leidenschaft, dem Verantwortungsgefühl und dem Augenmaß verpflichtet.

Nach Negt/Kluge haben sich heute das Parlament, die Parteien, die zentralen Chefs (zum Beispiel KanzlerIn, MinisterpräsidentInnen) das emphatisch Politische in Verwaltungszweige verwandelt. Der »Wille zur Macht« bleibt hier in indirekterer Form – auch im Sinne eines Willens zur Veränderung – im politischen Handeln ein zentraler Begriff.

Den heutigen Politikern in demokratischen Gemeinwesen liegt – sicherlich abgewandelt gegenüber dem charismatischen Führer à la Max Weber – der »Wille zur Macht« inne. Das heißt, dass neue Themen gar nicht erst auf die Tagesordnung kommen oder politische Einzelentscheidungen einem übergeordneten Politikinteresse der Mehrheitsfraktion oder gar persönlichen Eitelkeiten tendenziell geopfert werden können. Nicht nur so, aber auch so, kann in Politikbereichen ein Vakuum entstehen, das beispielsweise in der jüngeren Vergangenheit ein außerparlamentarisches politisches Handeln begründete. Dieses außerparlamentarische Handeln war zwischen den 1960er und 1980er Jahren sehr stark durch politische Bewegungen geprägt, deren Auswirkungen zwar heute noch spürbar sind, doch die Organisationsform »außerparlamentarische soziale Bewegung« ist weitgehend der Individualisierungswelle mit dem einhergehenden ich-verantwortlichen Aushandeln gewichen.[30]

30. Im Jahr 2010 finden sich Neubelebungen des außerparlamentarischen Protests in Stuttgart gegen den Bau eines unterirdischen Bahnhofs anstelle des alten Kopfbahnhofs (»Stuttgart 21«). Auch in der Atomfrage zeichnet sich eine massive

Bei sozialen Bewegungen handelte es sich in den 1970ern und 1980ern um den Willen zu einer gesellschaftlichen Veränderung auf bis dahin nicht-institutionalisierte Weise zwecks Realisierung eines gemeinsamen Ziels.

Die so benannte Selbsthilfebewegung war der Versuch, dem staatlichen Versorgungssystem, das als defizitär eingeschätzt wurde, etwas entgegen zu setzen. Hochspezialisierten Hilfen stand auf der Ebene der subjektiven Betroffenheit nichts gegenüber. Viele ehemals tradierte Familien- oder Freundschaftsnetze waren nicht mehr in der Lage, ihren Mitgliedern zu helfen, weil sie andere Interessen oder keine Zeit hatten oder auch schlicht woanders wohnten. Durch das Fehlen der alltäglichen Wirksamkeit des Sozialen brachen individuelle Überforderungen auf. Formen von Selbsthilfe entstanden dort, wo das sozialpolitische Leistungsangebot als defizitär eingeschätzt wurde. In Bereichen, in denen eine gesellschaftliche Notwendigkeit seitens der in Parlamenten vertretenen Parteien als unabdingbar schien, beispielsweise bei der Versorgung von Kranken oder Alten, fand mit einer zeitlichen Verzögerung ein sozialpolitischer Paradigmenwechsel statt, der ehemals solidarische Familienleistungen in individualisierte Rechtsansprüche umwandelte. Das neoliberale Modell der sozialen Versorgung trat seinen Siegeszug an.

Leitbild wurde der mündige Bürger, der selbst entscheiden soll, ob er in Konsum, seine Kranken- oder Altersvorsorge investiert. Dafür stehen seit Ende der 1980er Jahre der Umbau der Sozialen Arbeit als Dienstleistung und Ware, die kritiklose Übernahme betriebswirtschaftlicher Begriffe und Konzepte in das Soziale, eine individuelle Defizit- und Problemorientierung statt Solidarität, die Umdefinition von Armut- und Erwerbslosigkeit als gesellschaftlichem Problem zu einer Anspruchsinflation mit einem Abhängigkeitssyndrom vom Sozialstaat sowie die unreflektiert übernommene Finanzkrise des Staates. (s. Staub-Bernasconi 2003, 18f)

Wiederbelebung außerparlamentarischer Proteste ab. Bei beiden Beispielen ist aber zu bedenken, dass diese Proteste von einem Teil der parlamentarischen Opposition ebenso wie von außerparlamentarischen Kräften getragen werden. Insofern muss nicht erst generell Überzeugungsarbeit gegen abgehobene parlamentarische Politik betrieben werden.

Weiter oben habe ich das Bild des mündigen Bürgers als reflexiv kommunitaristisches Selbst bezeichnet: Über Empowerment zur Selbstverantwortung. In der heutigen Definition des Sozialstaats nach regierungsoffizieller Prägung wird jedoch nicht nach den Kriterien gelungener Sozialisation mit Schlüsselkompetenzen gefragt. Sie werden grob fahrlässig vorausgesetzt. Wir haben es mit einem Sachverhalt zu tun, der in den 1960er bis 1980er Jahren durchaus zu Protesten geführt hätte. Bloß stehen wir heute vor einer anderen sozialstaatlichen Praxis. Während in der Vergangenheit aufgrund gesellschaftlicher Umbruchsituationen Proteste deshalb aufkamen, weil in der alltäglichen Wirksamkeit von Sozialpolitik Vakuen bestanden, haben wir es heute mit scheinbar individuell zugeschnittenen Maßnahmen zu tun. »Scheinbar«, weil oft die Voraussetzungen fehlen, um in den »Genuss« dieser Leistungen zu kommen. System- und Lebenswelt fallen zwar nach wie vor auseinander, doch unter anderen Vorzeichen. Während vor rund zwanzig Jahren Leistungsdefizite für relevante Bevölkerungskreise bestanden, betrifft es heute »nur« die Ausgrenzten, denen Kompetenzen fehlen oder gar nicht erst zugestanden werden.

Das Besondere an sozialen Bewegungen lag in der Dialektik zwischen den (Bewegungs-) Organisationen und den fluiden Teilen der Bewegung. Soziale Bewegungen nahmen eine Mittelposition ein zwischen schwach strukturierten Gruppen auf der einen und den stark strukturierten, organisatorisch verdichteten Gruppen auf der anderen Seite. Voraussetzung für die Konstituierung einer sozialen Bewegung war die aktive Vereinnahmung des politischen Raums. Dazu bedarf es der Ausbildung von Sub- und Gegenkulturen sowie eines neuen politischen Leitparadigmas, denn das gesellschaftliche Klima ist sehr bedeutend für eine Artikulation des Unzufriedenheitspotentials. Dennoch gibt es keinen zwingenden Auslöser für eine Bewegung.

Wir stehen – wie schon mehrfach aufgezeigt – vor einer Entkoppelung von System- und Lebenswelt, was sich entweder im Grundkonflikt von Tausch- und Gebrauchswert oder von Recht und Moral oder von Information und Erfahrung ausdrückt.

Ende der 80er des 20. Jahrhunderts haben wir es noch (trotz der 1986 von Beck herausgearbeiteten Individualisierungswelle) mit einem relativ beachtlichen Mobilisierungspotential zu tun. Ein Mobilisierungspotential, das noch auf einer gemeinsamen (Teil-) Metaerzählung basierte, die von Teilen einer kritischen bürgerlichen Öffentlichkeit getragen wurde, die verbindende – damit organisationsfähige – Betroffenheit kannte. Eine neue bundesweite soziale Bewegung ohne parlamentarische Anteile ist heute – weder über Greenpeace noch irgendwelche Anlässe – zu identifizieren. Sicherlich spielt die partielle Reparlamentarisierung von »Themen« mit einer anderen Politikbearbeitung eine Rolle. Regional – wie beispielsweise im Wendland – lässt sich heute noch eine lokale soziale Bewegung ausmachen.

Überregional haben spätestens Ende der 1980er Antikatomkraft-, Ökologie- oder Selbsthilfefragen deutlich ihr Zentrum, ihren hauptsächlichen Ort in Parlamenten, Parteien und Verbänden gefunden. Erst wenn erneut Legitimationsbrüche, die durch das parlamentarische und wirtschaftliche System auftreten, mit kollektiver Betroffenheit gefüllt würden, hätte eine soziale Bewegung wieder eine Chance. D.h. heißt auch, dass das schlummernde Mobilisierungspotential auch in einer Ich-Gesellschaft vorhanden und unter spezifischen Bedingungen zu erwecken ist (s. Fußnote 31).

Sicher aber ist, wenn wir über zukünftige soziale Bewegungen nachdenken, uns auf eine Spurensuche begeben zu müssen. Es gilt dabei potentielles Unzufriedenheitspotential oder Glaubwürdigkeitslücken durch die Analyse des Heutigen und der Geschichte aufzuspüren, was durch einen nicht vorherzubestimmenden Anlass plötzlich nach einer anderen Politikbearbeitung »schreit«. Anders formuliert: Wenn sich ein überindividuelles Betroffenheitspotential entwickelt, kann eine gemeinsame Metaerzählung entstehen.

Bei der Auseinandersetzung um Teilhabe von Generationen gibt es verschiedenste Formen von Betroffenheit und Interesse, die ich mit einem groben dreigeteilten Raster fassen will:

1. Diejenigen, die von der etablierten Systematik aktuellen staatlichen Handelns am deutlichsten profitieren, haben ein Interesse am Status quo. Sie werden ihre tatsächlichen und auch symbolischen Kapitalsorten einsetzen, damit ihr Privilegiensystem erhalten bleibt. Das betrifft insbesondere, die wirtschaftlich Wohlsituierten, die obendrein ökonomisch höchst relevante Bildung favorisieren. Ihrer Logik versuchen sie eine (staatliche) Legitimation zu geben, indem

sie ihre Interessen als allgemeingültig ausweisen (lassen). Sie folgen der Maxime einer Fortschreibung ihrer eigenen gruppenegoistischen Geschichte. Der Prozess kann als Verobjektivierung eines subjektiv getragenen kollektiven Standpunkts gefasst werden. Diese Gruppierung kann als heimlicher oder offener Opinionleader bezeichnet werden.

2. Das »alte« Bildungsbürgertum, das ökonomisch gesehen mit abnehmendem Alter eher deutlich beschleunigte Einbußen hinzunehmen hat, versucht seine Betroffenheit und Interessen in der Kodifizierung von Bildungsstandards zu retten. Auf diese Weise soll ihr Nachwuchs exklusivere Chancen erhalten.

3. Die weitaus größte Gruppe umschließt die, die ihrem Interesse zwar im kleinen Kreis Lauf lassen, doch noch majoritär an alten politischen Glaubenssätzen hängen oder zum Protestwählerpotential zu rechnen sind. Ihr objektives Interesse müsste eigentlich sein, die soziale und kulturelle Infrastruktur von der Frühförderung bis zum Ende des Studiums auszuweiten, damit ihre Kinder ähnliche Chancen wie die der beiden anderen Gruppierungen bekommen.

Wirksamkeit von Herrschaft in Form symbolischer Zeichen

Während in dem bisher Geschriebenen zwar die Wirksamkeit von Politik eine bedeutende Rolle spielt, so ist hingegen die Ebene der »feinen Unterschiede« (Bourdieu) in der Rezeption von Individuen nur ansatzweise thematisiert. Dieser eher versteckten Seite von Politik und Herrschaft gilt das Interesse in diesem Abschnitt.

Der Soziologe Elias verfolgt mit seinem Buch »Über den Prozeß der Zivilisation« (Elias 1977) den Wandel von Fremdzwängen in Selbstzwänge. Mit diesem Wandel findet eine Umdeutung von zivilisierten Verhaltensweisen statt, die in eine differenzierte soziale Empfindung des überwiegenden Teils der Bevölkerung münden. Damit ist der »gewöhnliche Gang der Dinge« (Marx) in den gesellschaftlichen Alltag der bürgerlichen Gesellschaften als Herrschafts- bzw. Abgrenzungsmechanismus gerückt. (s. Elias 1977; s.a. Krais 2008, 48) Nach Krais spricht Foucault von der »Formierung der Disziplinargesellschaft«, mit der die Macht bis in die »elementarsten und feinsten Bestandteile der Gesellschaft« (Foucault) eindringt. Bourdieu mit seinen »feinen Unterschieden« und Foucault mit der »Disziplinargesellschaft« folgen damit den Ausführungen Elias', indem sie postulieren, dass es für sie keinen »herrschaftsfreien Diskurs« gibt, denn durch die Internalisierung von Fremdzwängen in Selbstzwänge findet eine permanente (in der Regel unbewusste) Abgleichung oder Beobachtung gegenüber dem Anderen statt. (s. Krais 2008, 48f)

Sitten, Gebräuche oder auch Verhaltensweisen sind nach Bourdieu ein selbstverständlicher Teil der Kultur und des Denkens. Sie werden damit zu einem sich weitgehend der menschlichen Wahrnehmung entziehenden Mittels struktureller Gewalt. Diese Gewalt nennt Bourdieu »symbolische Gewalt«:

»Dabei handelt es sich um eine Gewalt, die als solche nicht bewusst, wird, die vielmehr ›des Schweigens auf der Grundlage eines objektiven wechselseitigen Einverständnisses‹ bedarf. (...)« (Krais 2008, 52)

Symbolische Gewalt verkörpert ein gewisses Einverständnis und wird von den Menschen nicht als Gewalt wahrgenommen oder Menschen sind für sie empfänglich.

»›Einverständnis‹ heißt hier, dass Subjekte, die mit Akten symbolischer Gewalt konfrontiert sind, einen Sinn für diese Gewalt entwickel haben, der es ihnen ermöglicht, die entsprechenden Signale – oft nur Blicke, kleine Gesten, beiläufige Bemerkungen, die Körperhaltung, die Intonation – zu dekodieren und deren versteckten sozialen Gehalt zu verstehen, ohne dass ihnen bewusst wird, worum es sich bei diesen Gesten, Blicken, Worten handelt, nämlich um Akte der Gewalt.« (Krais 2008, 53)

Gesellschaft ist – wie schon weiter oben aufgezeigt – kein monolitischer Block, weshalb die Wirkungen symbolischer Gewalt auf der makrosozialen Ebene andere Vorzeichen haben als auf der mikrosozialen. Auf beiden Ebenen entscheiden sie zwar in Bezug auf In- oder Exklusion, lassen latent oder explizit Machtunterschiede deutlich werden, doch besitzt die Makroebene nach wie vor einen »heimlich-normierenden« Charakter, der gesellschaftliche Teilhabe determiniert. Diese Anerkennung bei gleichzeitiger Verkennung trägt zur aktiven Verschleierung von Machtverhältnissen bei. Auf der Ebene individuellen Handelns spricht Bourdieu von symbolischem Kapital, das eine Energieform oder Ressource symbolischer Gewalt darstellt. (s.a. Keller 2008, 279f)

»Symbolische Gewalt beschreibt in Bourdieus Arbeiten ein einerseits höchst statisches Phänomen, eine Macht der Reproduktion, die die soziale Welt als natürliche, so seiende erscheinen lässt, bei der alles Gewordene und Willkürliche verschwindet.« (Keller 2008, 284)

Neuvermessung von Zeitlichem und Sozialem – Fazit

In »Einschub: Wissenschaftlichkeit im beschleunigten Diskurs« lege ich dar, dass der Weg wissenschaftlichen Arbeitens über individuelle und kollektive Vor- und Werturteile sowie über Hypothesen und Deutung zur wissenschaftlichen Definition der Grundlagen (Kategorien) führt. Der Weg der Erkenntnis geht auf diese Weise über die Ebene der subjektiven Konstruktion zur Ebene der objektiven Konstruktion.

Weiter schreibe ich, »(…) dass jedweder Ausschnitt der »Welt« nicht in aller Komplexität abbildbar und auch aufgrund seiner »ewigen Jugendlichkeit« (Weber) höchstens – wahrscheinlich aber doch nicht – ex post komplett beurteilbar ist. Deshalb sind »Vereinfachungen« (Idealtypen) für größere Theoriezusammenhänge notwendig, um hypothesenhaft das »größere Ganze« erschließen zu können. Der Unterschied zwischen »Hypothese« und «Idealtypus« ist durch die hier skizzierte Vorgehensweise letztlich nur ein abstrakt analytischer, um zwischen ausschnitthaft geglätteten Konstruktionen (Idealtypen) und offenen Theoriekonstruktionen (Hypothesen) trennen zu können. Sowohl »Hypothese« als »Idealtypus« sind damit eine Antwort auf das »ewig Jugendliche« wie auch die Beschleunigung von Gesellschaft.«

In diesem Abschnitt führe ich die zentralen inhaltlichen Aussagen des bisher Geschriebenen zusammen, um damit die Kategorien für die Arbeit zum Thema »Generation« überblickartig – damit freilich verkürzt idealtypisch bzw. hypothesenhaft – darzulegen und andererseits öffne ich sie dadurch einem weiteren Prozess der von meinem Geschriebenen unabhängigen Neuvermessung.

Dennoch – beim alleinigen Lesen dieser Zusammenfassung bleibt nur Eindimensionales. Die Funktion der komprimierten Darstellung ist mehr oder weniger erinnerndes Lesen, um die gesamte Dimension des Geschriebenen retrospektiv aufleben zu lassen.

Zu: Vergangenes, Gegenwärtiges und Zukünftiges im Generationenzusammenwirken

Es gibt keine Geschichte ohne die eigene Geschichte. Alltags- und Wissenschaftsinteresse gehen beide von subjektiven Setzungen aus. Nahes ist vertraut, Fernes fremd. Während das durchschnittliche Alltagsinteresse – es sei denn, es handelt sich um eine hohe subjektive Betroffenheit – vielfach auf unüberprüften Vereinfachungen und Vorurteilen fußt, ist das wissenschaftliche komplexer und vorurteilsfreier.

Je konkreter und anwendungsorientierter eine gesellschaftlich orientierte Wissenschaft ist desto eher erreicht sie die Adressaten. Die Nähe von Wissenschaft zur (kurzfristigen) ökonomischen Verwertbarkeit erhöht deren Chancen auf ein Wahr- und Ernstgenommen-Werden im politischen Alltag. Geistes- und Sozialwissenschaften drohen auf diese Weise ihrer Aufgabe, Individuum und Gesellschaft in ihrer Entwicklung kritisch zu begleiten und zu analysieren, beraubt zu werden.

Zu: Erkennen und Verstehen zum Generationenverhältnis

Wissensbestände sind aufgrund der exorbitanten Zunahme von verfügbarem Weltwissen immer weniger originär individuelles Bezugswissen erster Hand. Das Weltwissen ist zwischen den Individuen fragmentiert, über unterschiedliche Geburtszeitpunkte anders teilbasiert und damit weitgehend parallelisiert. An die Stelle von Überblickswissen humanistischer Prägung tritt – wenn überhaupt -Wissensmanagement.

Zu: Statistische Bevölkerungsentwicklung als Variable

Die Bevölkerungsentwicklung lässt sich nicht über bekannte Unbekannte, sondern nur über unbekannte Unbekannte beschreiben. Offizielle Bevölkerungsstatistik suggeriert objektive Daten und Fakten, doch handelt es sich um subjektive Einschätzungen bzw. ideologisch gefärbte Bilder, deren Grundlagen bereits das Ergebnis bestimmen. Der philosophische Gedanke des unsterblich Sterblichen scheint unausgesprochene Maxime zu sein.

Zu: Soziologische, sozialpsychologische und pädagogische Variablen zu Vielfalt oder Differenz von Generationenbeziehungen

Der individuellen und gesellschaftlichen Desychronisierung in allen Lebensbereichen und Altersgruppen werden keine offenen Aneignungen oder Lernfelder entgegengesetzt, sondern fragmentierte Zweckbestimmungen, so dass die individuelle und gesellschaftliche Verfügbarkeit über den Fortschritt zunehmend schrumpft. Das Auseinanderbrechen von gesellschaftlichen Erlebnis- und Erfahrungsräumen führt zudem zu immer weniger zu einem gemeinsamen Verständnis der Nah- und Fernräume menschlichen Lebens. Statt gemeinsamer Realitäten entwickeln sich medial gespeiste Als-ob-Realitäten ohne einen tiefen Kern.

Zu: Gerechtigkeit im Rahmen »gleichzeitiger Ungleichzeitigkeit«

Philosophisch gesehen ist Gerechtigkeit eine relationale Größe, die nach Gerechtigkeit zwischen den Menschen fragt. Vernunft und Moral müssen nach diesem Denkansatz sich selbst und allen vernünftigen Personen zugänglich und einsichtig sein. Wenn für Individuen in ihrem Erlebnishorizont gesetzte Macht oder Herrschaft bedeutend und als unvernünftig besetzt wird, rebelliert ihr subjektiv geprägtes Gerechtigkeitsempfinden. Nur (mit-) erlebte Stammesgeschichten, Metaerzählungen oder Alterskohortengeschichten, die in der eigenen Erzählung verankert sind, werden überindividuell als »vernünftig« akzeptiert.

Zu: ExpertInnenherrschaft oder subjektive Aneignung der Welt

System- und Lebenswelt lösen sich im Zeitverlauf weiter voneinander. Die Systemwelt ist immer komplexer geworden und enteignet in der Folge Individuen um viele ihrer Fertigkeiten und Fähigkeiten. Politik und gesellschaftliche Opinionleader versuchen über das Zitieren alter Metaerzählungen, (altes) Gemeinsames am Leben zu erhalten. Politisches Wirken ist auf Symbole angewiesen. Diese Symbolik findet sich in identitätsstiftenden Metaerzählungen, im Widerstand gegen diese (z.B. als soziale Bewegung) oder gemeinsame Symbole verschwinden aber zunehmend in der Folge von Individualisierung.

Zu: Politisches und Soziales als Kriterium für Veränderung

Politik wird »von denen da in Berlin oder sonstwo« gemacht. Soziale Bewegungen waren oder sind der Versuch mit kollektivem Protest, den nicht in der »großen Politik« behandelten Themen – also aus dieser Sicht staatlichen Defiziten – einen Ort zu verschaffen. Das »Leitbild des mündigen Bürgers«, also Dreh- und Angelpunkt der eigenen Biographie zu sein, ließ nach der Hochzeit der sozialen Bewegungen gesellschaftliche Problemstellungen zu individuellen werden. Unzufriedenheitspotential oder Glaubwürdigkeitslücken gegenüber staatlicher Politik, die einer kollektiv anderen Politikbearbeitung bedürften, gibt es dennoch. Überindividuelles Betroffenheitspotential kann sich, wenn eine gemeinsame Metaerzählung außerhalb von Parlamenten entsteht, jederzeit entwickeln.

Zu: Wirksamkeit von Herrschaft in Form symbolischer Zeichen

Symbolische Gewalt wird in Form von meist unbewusster Zeichensprache virulent und besitzt einen »heimlich-normierenden« Charakter. Einerseits fühlen sich Menschen wohl, wenn sie im Alltag ihre über den Prozess der Sozialisation angeeignete Symbolik (meist unbewusst) vorfinden; andererseits dient diese auch als Unterscheidung zur Ab- oder Ausgrenzung.

Eingangs stellte ich die Frage, ob die einzigen Konstanten heute Beliebigkeit und Flüchtigkeit seien. Sie sind es oft in der alltäglichen, durchaus aber ebenso in der »großen« politischen Auseinandersetzung. Doch wer sich mit dem Thema des »eigenen Seins« produktiv auseinandersetzen möchte, sollte sich von sich selbst distanzieren, um sich über Distanz einer größeren als der eigenen Wahrheit öffnen zu können. Die soziale Nähe, in der sich alle von uns meist bewegen, versperrt andere Erkenntnis, die letztlich für eine dynamische Betrachtung von Gesellschaft unabdingbar ist. In der Nähe liegt meist das gedanklich Versperrende, weil auf diese Weise eigene emotionale und unbewusste Wissensbestände bestätigt werden. Erst über das Fremde sind Menschen in der Lage, das Eigene als Fremdes gegenüber Fremden begreifen zu können. Am Beispiel der symbolischen Herrschaft mache ich deutlich, dass viele Selbstzwänge von Menschen über Fremdzwänge entstehen. Diese Selbstzwänge jedoch individuell durchaus als Selbstverwirklichung oder Selbstgestaltung interpretiert werden. Diese Figur hat eine strukturelle Entsprechung im ökonomischen Handeln, wenn der ökonomische Prozess in seiner alltäglichen Wirkung nicht auch selbst im Zentrum der Reflektion steht. Die »eigene Zeit« gilt es ebenso wie die eigene »soziale Herkunft« nicht als »natürliche« Ausgangsbasis für das Verstehen, für die Interpretation der »Welt« zu betrachten oder unbewusst vorauszusetzen, sondern genau dort, wo alles klar zu sein scheint, nachzudenken, ob es sich nicht um eigene hegemoniale Denkstrukturen handeln könnte. Im alltäglichen Leben haben Menschen immer weniger Zweifel, wenn sie wenig über einen Zusammenhang wissen. Mehr zu wissen schafft hingegen Probleme, weil immer mehr bedacht werden muss. Die andere Seite von Wissen verunsichert. Das mag so sein, doch wenn mehr Wissen auf der Basis ethischer Kategorien, also bewusster Werturteile, gedacht wird, dann mündet es in ein größeres Ganzes ein. Insofern kann nicht die Beliebigkeit das Ziel von konkurrierender Erkenntnis sein. Mit diesem Buch gehe ich einen Weg, der aufgrund gezielter Wertsetzung mannigfaltiger Erkenntnis einen Rahmen gibt. Dieser Weg aber braucht Zeit. Verkürzte – also im Prozess des Aneignens – beschleunigte Erkenntnis bleibt oberflächlich. Das »lebenslange Lernen« ist eher ein lebenslänglicher Sozialisationsprozess, der grundsätzlich bewusste und unbewusste Aneignungen aufnimmt. Übereinstimmung und Reibung, Distanz und Identifikation sind die Grundkonstanten emotionaler, sozialer, kulturellen, technischer und ökonomischer Entwicklung, deren Subjekte die Menschen selbst sein sollten.

Informative Bausteine zu Vielfalt oder Differenz in Generationenbeziehungen

... als Stichwortgeber zur Information.
Bitte bedenken: Diese Rubrizierung dient ausschließlich als erinnernde Stütze oder als Information. Denn:

Information ist nicht Wissen.
Sie ist das Gegenteil von Wissen.
Information ist kurz.
Sie öffnet Horizonte.
Wissen beginnt mit Information.

Kapitel	**Baustein**	**skizzieren**
Vergangenes Gegenwärtiges Zukunft	**alltägliches Generationenverständnis, Wertschätz. ung von Wissenschaft**	**subjektive Setzungen im Alltag und Politik versperren eine tiefere Ekenntnis, Verwertbarkeit wissenschaftlicher Erkenntnis verstellt möglicherweise vertiefte Erkenntnis**
Bildung und Erfahrung	**Wissen und Generation**	**Nicht-Wissen-Wollen dominiert die Wissenskategorie »Nicht-Wissen-Können« unf führt in die Irre**
Einschub: Wissenschaft: beschleunigter Diskurs	**Statistik und Generation**	**Bevölkerungsprognosen haben nur den Wert von »Kaffeesatzleserei«**
Vielfalt, Differenz in Generations-beziehungen	**Desynchronisierung und Generation in soziologischer, sozialpsychologischer, pädagogischer Hinsicht**	**Realitäten weichen Als-ob-Realitäten, so dass Unvergleichnares verglichen wird, kulturelle, soziale, technische ökonomische Aspekte von Gesellschaftlichkeit sind individuell und gruppenspezifisch asynchron**
Stolpersteine in Generationen-beziehungen	**Gerechtigkeit und Generation**	**Vernunft und Moral als Anspruch konkurrieren mit subjektiv geprägtem Gerechtigkeitsempfinden**

	Metaerzählung und Generation	**identitätsstifende gesellschaftliche »Erzählungen« fußen auf der Ungleichzeitigkeit des subkeltiven Bewusstseins**
	Politik und generationale Glaubwürdigkeitslücken	**Unzufriedenheit für zu generational – vor allem aber sozialbedinten – Glaubwürdigkeitslücken**
	Generation, Herrschaft und symbolische Zeichen	**gesellschaftliche Gewaltverhältnisse werden über schichtspezifische Verhaltensweisen symbolisch vererbt**

Kreatives Tohuwabohu – Schluss

Vieles habe ich ausgeführt, viele Lücken sind geblieben. Eine andere Aussage widerspräche meinem Anspruch. Dennoch habe ich nicht Beliebiges geschrieben. Auf transparente Art und Weise verdeutliche ich viele in Korrelation zur eigenen Zeit und sozialen Herkunft bearbeitete Aspekte: Entwickele sie, wäge sie ab, bündele sie und fasse sie zusammen, um darüber operationalisierbare Aussagen zu bekommen. Die vorgenommene Konstruktion der Spurensuche im »Tohuwabohu« nimmt »Wüstes und Leeres« auf, macht aus einem alltäglichen »Chaos« ein produktives Chaos. Vielfalt oder Differenz lassen sich nur erschließen, indem viele Variable herangezogen werden, die in der Konsequenz ethisch bewertet gehören.

Marcel Reich-Ranicki beendete die Sendungen des »Literarischen Quartetts« im ZDF mit einem Zitat von Bertholt Brecht:

»Und so sehen wir betroffen / Den Vorhang zu und alle Fragen offen.«

Didaktisch-methodische Umsetzung von »Gefangen in eigener Zeit und sozialer Herkunft« für Studium und Weiterbildung für ein kombiniertes E-Learning-Präsenzmodul

Die Materialien der dargelegten Veranstaltung tragen im Gegensatz zum Titel des Buches die Überschrift »Generationenverhältnis«, was der inhaltlichen Systematik des Modulhandbuchs entspricht und wurden im Wintersemester 2009/10 für den viersemestrigen Studiengang Master of Arts »Soziale Arbeit im internationalen und sozialräumlichen Kontext« an der HAWK Hochschule für angewandte Wissenschaft und Kunst Fachhochschule Hildesheim/Holzminden/Göttingen entwickelt und als vierstündiges Seminar im 3. Semester durchgeführt.

Zielsetzung und Methodik

Die Zielsetzung des (Teil-) Moduls ist im Modulhandbuch wie folgt beschrieben: »Die Studierenden setzen sich mit auf Lebensphasen bezogenen Handlungskonzepten vertieft auseinander, welche darauf zielen, inter- und intragenerativ gesellschaftliche Teilhabe zu fördern. Kompetenzen zur Entwicklung neuer Handlungskonzepte werden ihnen vermittelt. Sie sollen einen Transfer der Handlungskonzepte auf verschiedene Handlungsfelder der Sozialen Arbeit leisten können.« (Modulhandbuch vom 01.10.2005) Die Veranstaltung selbst wird als Wahlpflichtveranstaltung für das dritte Studiensemester angeboten.

Einordnung in die Forschungsanforderung im MA-Studiengang:

In der Veranstaltung »Generationenverhältnis« geht es inhaltlich um Forschung mit der Zielsetzung einer Theoriebildung und damit um wissenschaftliches Arbeiten auf Master-Niveau. Das Lesen von Texten, das Erstellen von Exzerpten und das anschließende Formulieren von Thesen über das bis dahin erarbeitete und reflektierte Wissen soll Studierende befähigen, selbstständig wissenschaftlich arbeiten zu können. Dazu gehört Forschungswille und »saubere« textliche Arbeit.

Bei dieser Veranstaltung wurde die Methode »blended learning« gewählt. Blended learning heißt hier, dass sich Präsenztermine und E-Learning-Einheiten didaktisch sinnvoll ergänzen. In diesem Fall wurden eine Vorbesprechung und drei Präsenztermine um vier E-Learning-Einheiten ergänzt. Der Lehrende entwickelte ein didaktisches Modell, um mit Studierenden wissenschaftliches Arbeiten auf hohem Niveau und mit Freude einüben zu können. Neben Kompetenzerweiterungen insbesondere im wissenschaftlichen Denken und dem sich daraus ergebenden wissenschaftlichen Habitus ist es unbedingt notwendig, eine komplette Transparenz für alle Beteiligten zu erreichen, damit ein gemeinsamer Lernprozess möglich bleibt oder wird. Im Zentrum steht dabei die Frage gemeinsamer Entwicklung von Wissen, das über das »tote« Computerwissen (Ablage von Dateien ohne Diskussionsforen) hinausgeht. Durch »erzwungene Bezugnahme« (diskursive Zusammenführung von Exzerpten zu Texten und deren zentralen Aussagen) wird in den Präsenzseminaren »Denkschmiede« angestrebt/erreicht. Eine inhaltliche Weiterentwicklung findet folglich nicht ausschließlich mit der lehrenden Person statt, sondern im kritischen Dialog mit allen Beteiligten. Methodisch wurde diese Veranstaltung mit dem Lern- und Lehrmanagementsystem Stud.IP (**Stud**ienbegleitender **I**nternetsupport von **P**räsenzlehre www.studip.de) und des dort integrierten **El**earning-**mo**dul »Elmo« umgesetzt.

Die Präsenztermine sowie die E-Learning-Anteile werden mit demselben Zeitäquivalent berechnet. Der MA-Studiengang wird berufsbegleitend angeboten. Die Termine für alle Module liegen freitags und/oder samstags.

Planung

Datum	Ort	Themen	Methode	Ergebnissicherung	Aufgabe zur Sitzung	Umfang	Wer?
17.10.09	B20 203	Einführung, Text „Wenn wir gewusst hätten", Planung für Semester[31]	Diskussion	Kernaussagen als Protokoll	Text lesen/ durcharbeiten		alle
31.10.09	---	Texte: 4. Verständnis als Grundlage zu Generationen 5. Wissenschaft und Wertschätzung 6. Erkennen und Verstehen 7. Untersuchungsmethode Bevölkerungsentwicklung	Texte durcharbeiten; zusätzlich eine Bevölkerungs-prognose mitbringen	Exzerpte erstellen, Bevölkerungsprognose als schriftliche Vorlage[32]	---	Exzerpt pro Text eine Seite, Prognose eine Seite	alle
27.11.09	B20 203	5. Vorstellen der Texte vom 31.10.09 über Exzerpte 6. Diskussion von Bevölkerungsprog-nosen	Vortrag, Diskussion	Kernaussagen zur Sitzung als Protokoll	s. 31.10.09		alle
28.11.09	---	Exkurse zu einem erweiterten Generationenverständnis: 3. Sozialisations-forschung (Grundmann 2006) 4. Milieuforschung (Vester et al 2001) 5. Individualisie-rungstheorie (Beck 2007) 6. Identitätsforschung	alle Texte lesen; pro Stud. 4 Texte exzerpieren, je 3 Kernaussagen entwickeln, je 3 Kernaussagen zur Verknüpfung der Texte	4 Exzerpte erstellen, 3 Kernaussagen entwickeln für je 4 Texte sowie 3 für Zusammen-hang der Texte	---	Exzerpt je eine Seite	alle, aber arbeits-teilig

31. An den Präsenztagen erstellen alle Anwesenden zu Beginn einen Zeitplan zum Abarbeiten der Themen. Der zur Verfügung stehende Zeitrahmen erstreckt sich von 9.00-19.00h; außer am 17.10.09 (11-12.30h).

32.Alle schriftlichen Vorlagen bitte in Papierversion für den Seminarleiter zum verabredeten Termin sowie als digitalisierte Version zur Sitzung mitbringen. Die digitalisierte Version bitte auch in Stud.IP stellen.

		(Keupp 2006) 7. Theorie des Sozialen Raums (Bourdieu et al 2002) 8. Beschleunigungs-theorie (Rosa 2006) 9. Pädagogik/ technischen Zivilisation (v. Hentig 2002)					
11.12.09	B20 203	b. Vorstellen der Texte vom 28.11.09 c. Diskussion der einzelnen Texte d. verknüpfende Diskussion der Texte	Vortrag, Diskussion, Transfer	Kernaussagen zur Sitzung als Protokoll	s. 28.11.09	Exzerpt je eine Seite, 3 Kernaus-sagen zu je 4 Texten, 3 für Verbin-dung der Texte	alle, aber arbeitstei-lig
16.01.10	---	- Gerechtigkeit und „gleichzeitige Ungleichzeitig keit" - ExpertInnenher rschaft/ Aneignung der Welt - Politisches/ Soziales – Veränderung - Wirksamkeit von Herrschaft/ symbolische Zeichen	alle Texte lesen und exzerpieren, 4 Thesen zu bisherigen und neuen Aspekten	Exzerpte erstellen, 4 verknüpfende Thesen zu Ergebnissen vom 11.12.09	---	Exzerpt je eine Seite, 4 Thesen	alle
22.01.10	B20 203	**4.** Vorstellen der Texte vom 16.01.10 **5.** Diskussion der einzelnen Texte **6.** verknüpfende Diskussion der Texte **7.** Abschlussdiskussio n	Vortrag, Diskussion, Transfer	Kernaussagen der Sitzung als Protokoll	s. 16.01.10	Exzerpt je 1 Seite, 4 Thesen	alle

Einstimmung und Ablauf

Einstimmung der Studierenden:

Liebe Studierende,
zur Zeit bin ich am Anpassen des Seminars »Generationenverhältnis @@@« auf E-Learning-Erfordernisse. Nach und nach werden Sie weitere Materialien finden. Einen ersten Überblick habe ich in »Elearning Modul Generationenverhältnis« gestellt. Noch eine schöne und konstruktive Zeit bis zur Vorbesprechung

Lutz Finkeldey

Ablaufplan:

WiSe 2009/10

Sa., 17.10.2009, 11:00 - 12:30	Vorbesprechung
Sa., 31.10.2009, 09:00 - 19:00	Blended learning - keine Präsenz
Fr., 26.11.2009	Abgabetermin Aufgabe: Exzerpte und Bevölkerungsprognose
Fr., 27.11.2009, 09:00 - 19:00	Präsenzseminar
Sa., 28.11.2009, 09:00 - 19:00	Blended Learning - keine Präsenz
Do., 10.12.2009	Abgabetermin Aufgabe: Exzerpte und Bevölkerungsprognose
Fr., 11.12.2009, 09:00 - 19:00	Präsenzseminar
Sa., 16.01.2010, 09:00 - 19:00	Blended learning - keine Präsenz
Fr., 22.01.2010, 09:00 - 19:00	Präsenzseminar

(Abgabetermine für die zu erstellenden Exzerpte

Input und Aufgabenstellungen

Zum Anspruch des Seminars

Mit zunehmender Zeitspanne sinkt drastisch die Vorhersagefähigkeit von verlässlichen Zukunftsbeschreibungen und wandelt sich endgültig zu einem Stochern im Sand. Zukunftsvorhersagen können immer nur auf dem Vergangenen oder Gegenwärtigen aufbauen, so dass sie in irgendeiner Weise für die Zukunft fortgeschrieben werden. Wer aber weiß, was passieren wird? Wussten die Menschen um die Jahrhundertwende vom 19. zum 20. Jahrhundert, dass 1914 und 1939 Weltkriege begännen? Kriege waren wahrscheinlich, aber deren Zeitpunkt, Intensität, technischer Standard oder Ausdehnung waren nicht zu wissen. Es

war schon immer der Traum eines Teils der modernen Gesellschaften um ihres eigenen Vorteils willens, Zukunft scheinbar berechenbar zu betrachten. Für wessen und welchen Preis?
Mit diesem Seminar werden keine verbindlichen Antworten für die Zukunft gegeben. Das widerspräche schon dem eben Geschriebenen. Inhalt ist eine soziologische Spurensuche zu dem Vergangenen und Gegenwärtigen sowie zu alltäglichen, politischen, wirtschaftlichen und wissenschaftlichen Zukunftsvorstellungen und deren Substanz. In der Gegenwart des alltäglich Politischen gibt es die »Generation Zukunft« offensichtlich, zumindest gebärden sich viele selbsternannte »Prophetenzünfte« in dieser Weise. Ihrem »Krampf und Kampf«, ihren gesellschaftlichen Prägungen gilt es auf die Spur zu kommen. Durch dieses Entblättern »zweifelhafter Zukunft« wird »Zukunft« zu einer realen Größe: Szenische Näherungen auf dem Rücken des Gewesenen lassen sich mit aller gebotenen Vorsicht entwerfen, doch Wissen können wir herzlich wenig. »Zeitmaschinen« gehören nach wie vor der Rubrik »science fiction« an.

Im Seminar zu bearbeitende Bausteine für ein umfassendes Generationenverständnis:

Bitte bedenken: Diese Rubrizierung mit kurzer inhaltlicher Pointierung dient ausschließlich als Vorabinformation.

Information ist nicht Wissen.
Sie ist das Gegenteil von Wissen.
Information ist kurz.
Sie öffnet Horizonte.
Wissen beginnt mit Information.

1. Alltägliches Generationenverständnis: subjektive Setzungen in Alltag und Politik versperren eine tiefere Erkenntnis.
2. Wertschätzung von Wissenschaft zu Generation: eine direkte Verwertbarkeit wissenschaftlicher Erkenntnis verstellt möglicherweise eine tiefe Analyse.
3. Verstehen und Generation: Nicht-Wissen-Wollen dominiert die Wissenskategorie »Nicht-Wissen-Können« und führt in die Irre.
4. Untersuchungsmethode/Forschungsstrategie im Seminargeschehen: Hypothesenbildung/Bildung von Idealtypen
5. Statistik und Generation: Bevölkerungsprognosen haben oft nur den Wert von »Kaffeesatzleserei«.
6. Desynchronisierung und Generation: Realitäten weichen Als-ob-Realitäten, so dass Unvergleichbares verglichen wird.
7. Gerechtigkeit und Generation: Vernunft und Moral als Anspruch konkurrieren mit subjektiv geprägtem Gerechtigkeitsempfinden.
8. Metaerzählung und Generation: identitätsstiftende gesellschaftliche »Erzählungen« fußen auf der Ungleichzeitigkeit des subjektiven Bewusstseins.
9. Politik und generationale Glaubwürdigkeitslücken: Unzufriedenheit führt zu generational – vor allem aber sozialbedingten – Glaubwürdigkeitslücken.
10. Generation, Herrschaft und symbolische Zeichen: gesellschaftliche Gewaltverhältnisse werden über schichtspezifische Verhaltensweisen symbolisch vererbt.
11 Neuvermessung von Generation: Konstruktion als Wahrheit.

Thematische Gliederung

Einführung: Wenn wir gewusst hätten
<u>Aufgabe: Lesen des Textes </u>(Zu erledigen bis: 16.10.2009)

<u>Grundlagen zum Generationenverständnis </u>
<u>Aufgabe: Exzerpte und Bevölkerungsprognose </u>(Zu erledigen bis: 26.11.2009)
<u>Exkurse zu einem erweiterten Generationenverständnis </u>
<u>Aufgabe: Exzerpte und Kernaussagen </u>(Zu erledigen bis: 09.12.2009)

Noch mehr Spuren zum Generationenverständnis

Aufgabe: Exzerpte und verknüpfende Thesen (Zu erledigen bis: 20.01.2010)

Neuvermessung von Generation

Einführung: Wenn wir gewusst hätten

Text »Wenn wir gewusst hätten...«

Aufgabe: Lesen des Textes

Bitte lesen Sie bis zur ersten Sitzung am 17.10. den Text »Wenn wir gewusst hätten ...« durch.

Grundlagen zum Generationenverständnis

a) Vertrautes und fremdes Verständnis als Grundlage für Generation

Es gibt keine Geschichte ohne die eigene Geschichte. Alltags- und Wissenschaftsinteresse gehen beide von subjektiven Setzungen aus. Nahes ist vertraut, Fernes fremd. Während das durchschnittliche Alltagsinteresse – es sei denn, es handelt sich um eine hohe subjektive Betroffenheit – vielfach auf unüberprüften Vereinfachungen und Vorurteilen fußt, ist das wissenschaftliche komplexer und vorurteilsfreier.

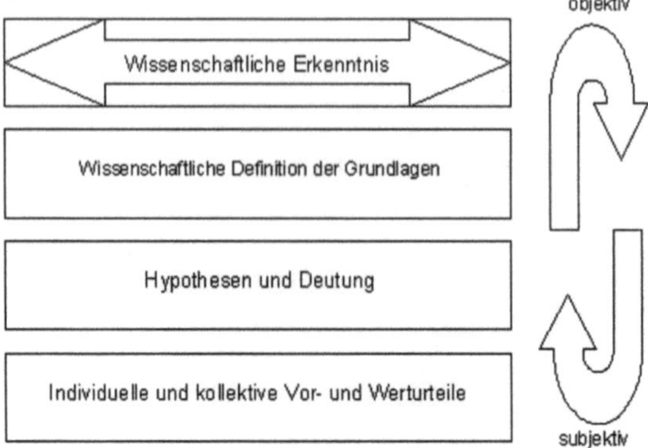

b) Wissenschaft und Wertschätzung als Hintergrund zu Generation

Je konkreter und anwendungsorientierter eine gesellschaftlich orientierte Wissenschaft ist desto eher erreicht sie die Adressaten. Die Nähe von Wissenschaft zur (kurzfristigen) ökonomischen Verwertbarkeit erhöht deren Chancen auf ein Wahr- und Ernstgenommen-Werden im politischen Alltag. Geistes- und Sozialwissenschaften drohen auf diese Weise ihrer Aufgabe, Individuum und Gesellschaft in ihrer Entwicklung kritisch zu begleiten und zu analysieren, beraubt zu werden.

c) Erkennen und Verstehen zum Generationenverhältnis

Wissensbestände sind aufgrund der exorbitanten Zunahme von verfügbarem Weltwissen immer weniger originär individuelles Bezugswissen erster Hand. Das Weltwissen ist zwischen den Individuen fragmentiert, über unterschiedliche Geburtszeitpunkte anders teilbasiert und damit weitgehend parallelisiert. An die Stelle von Überblickswissen humanistischer Prägung tritt – wenn überhaupt – Wissensmanagement.

d) Idealtypus und Hypothese als konstruktive Untersuchungsmethode – Wissenschaftlichkeit im beschleunigten Diskurs

Inhalte sind in der Forschung nicht von der Methode ihrer Gewinnung zu trennen. Auch konkrete gesellschaftliche Verhältnisse wirken sich auf die Wahrheitsfindung durch Forschung aus. So wie in der Literatur die Montagetechnik in den Roman eingeflossen ist, so muss auch die Wissenschaft ihren »Tribut« an die »neue Unübersichtlichkeit« zahlen. Eine Abbildung von Wirklichkeit gibt es nicht (mehr). Im Prozess der »Wirklichkeitsgewinnung« fließen Konstruktionen ein, die jedoch zur

Erfassung von Wirklichkeit konstitutiv sein sollen: Hypothesen und Idealtypen.

Zusammenhang von gesellschaftlicher Erfahrung zur Bildung von Hypothesen und Idealtypen (Theorie)

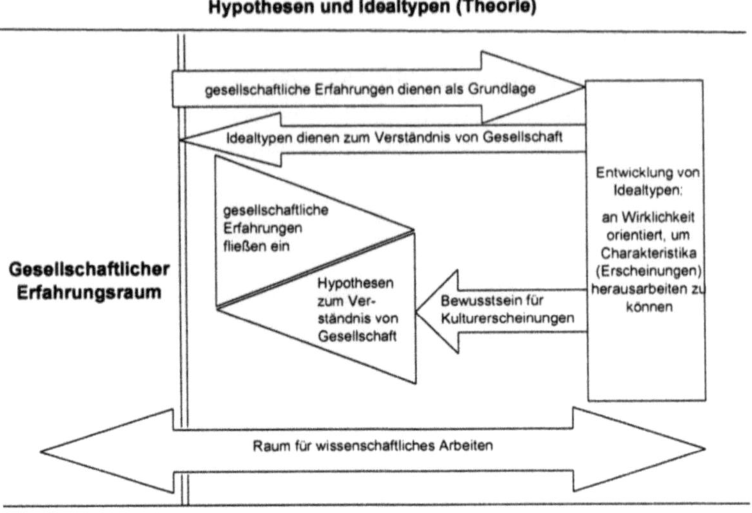

e) Statistische Bevölkerungsentwicklung als Variable

Die Bevölkerungsentwicklung lässt sich nicht über bekannte Unbekannte, sondern nur über unbekannte Unbekannte beschreiben. Offizielle Bevölkerungsstatistik suggeriert objektive Daten und Fakten, doch handelt es sich um subjektive Einschätzungen bzw. ideologisch gefärbte Bilder, deren Grundlagen bereits das Ergebnis bestimmen. Der philosophische Gedanke des unsterblich Sterblichen scheint unausgesprochene Maxime zu sein. (Letzte Änderung: 05.10.2009 12:58)

– Verständnis als Grundlage zu Generationen (20 kB)
– Wissenschaft und Wertschätzung (17 kB)
– Erkennen und Verstehen (26 kB)
– Untersuchungsmethode (35 kB)
– Bevölkerungsentwicklung (24 kB)

Aufgabe: Exzerpte und Bevölkerungsprognose

Arbeiten Sie alle Texte durch.
- Exzerpieren Sie jeden Text. Umfang: eine DIN A4-Seite
- Bringen Sie eine schriftlich formulierte Bevölkerungsprognose sowohl als Papierversion als auch in digitaler Form mit. Umfang: eine DIN A4-Seite

Exkurse zu einem erweiterten Generationenverständnis

a) Sozialisation

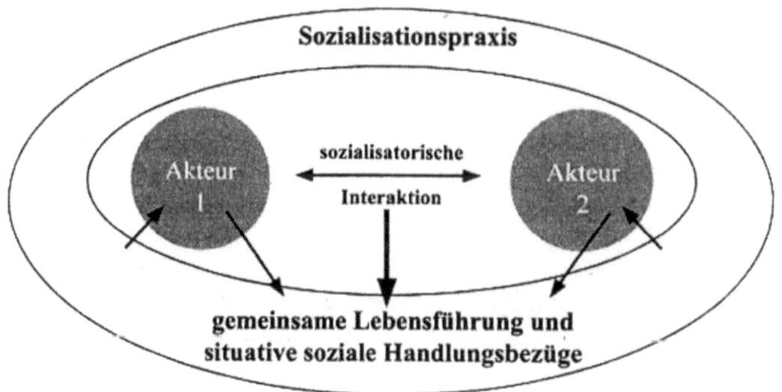

b) Milieu

c) Individualisierung

d) Identität

avantgardistisch – eigenverantwortlich – hierarchiegebunden – autoritär

← Differenzierungsachse →

↕ Herrschaftsachse

Avantgarde (früher: Schöne Künste)	humanistische und dienstleistende Elite-Milieus (früher: Bildungsbürger	wirtschaftliche und hoheitliche Elite-Milieus (früher: Besitzbürger)
jugendkulturelle Avantgarde	›respektable‹ Volksmilieus: Traditionslinie der Facharbeit und der praktischen Intelligenz	›respektable‹ Volksmilieus: ständisch-kleinbürgerliche Traditions-linie
unterprivilegierte Volksmilieus (gering Qualifizierte)		

e) Sozialer Raum

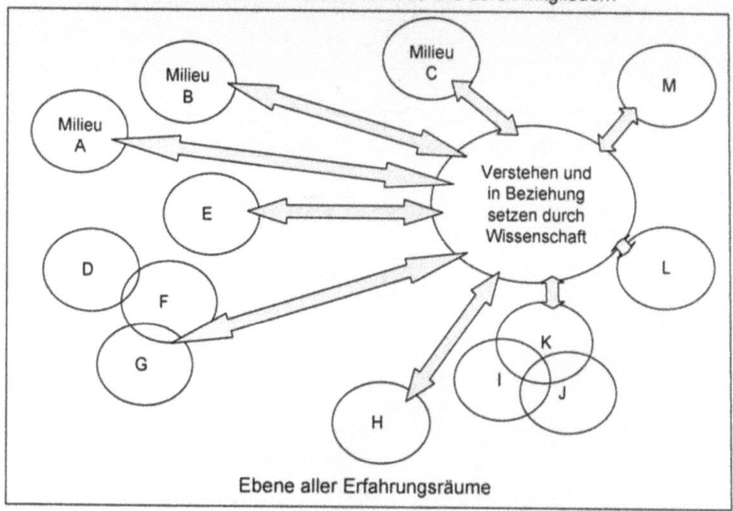

f) Beschleunigung

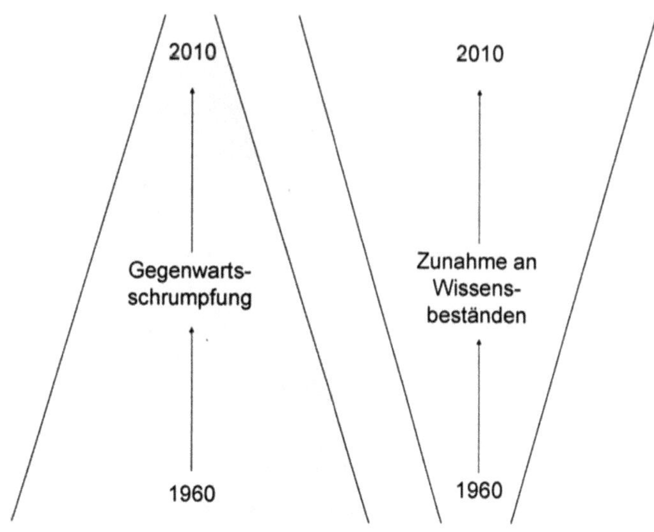

Gleichzeitige »Ungleichzeitigkeit« im Generationenverständnis – Soziologische, sozialpsychologische und pädagogische Variable zu Vielfalt oder Differenz

Der individuellen und gesellschaftlichen Desynchronisierung in allen Lebensbereichen und Altersgruppen werden keine offenen Aneignungen oder Lernfelder entgegengesetzt, sondern fragmentierte Zweckbestimmungen, so dass die individuelle und gesellschaftliche Verfügbarkeit über den Fortschritt zunehmend schrumpft. Das Auseinanderbrechen von gesellschaftlichen Erlebnis- und Erfahrungsräumen führt zudem zu immer weniger zu einem gemeinsamen Verständnis der Nah- und Fernräume menschlichen Lebens. Statt gemeinsamer Realitäten entwickeln sich medial gespeiste Als-ob-Realitäten ohne einen tiefen Kern. (Letzte Änderung: 08.10.2009 11:06)

a) Sozialisation Grundmann
b) Milieu Vester
c) Individualisierung – Wissen – Beck
d) Identität Keupp
e) Sozialer Raum – Verstehen – Bourdieu
f) Beschleunigung Rosa
g) Pädagogik Hentig

Aufgabe: Exzerpte und Kernaussagen

- Lesen Sie alle Texte.
- Exzerpieren Sie vier der sieben Texte, entwickeln Sie drei Kernaussagen pro Text. Umfang pro Exzerpt: eine DIN A4-Seite.
- Formulieren Sie schriftlich drei Kernaussagen zur Verknüpfung der Texte.

Philosophische, psychologische, soziologische und politische Stolpersteine für gelingende Vielfalt und Differenz

a) Gerechtigkeit im Rahmen »gleichzeitiger Ungleichzeitigkeit«/ von Vielfalt und Differenz

Philosophisch gesehen ist Gerechtigkeit eine relationale Größe, die nach Gerechtigkeit zwischen den Menschen fragt. Vernunft und Moral müssen nach diesem Denkansatz sich selbst und allen vernünftigen Personen zugänglich und einsichtig sein. Wenn für Individuen in ihrem Erlebnishorizont gesetzte Macht oder Herrschaft bedeutend und als unvernünftig besetzt wird, rebelliert ihr subjektiv geprägtes Gerechtigkeitsempfinden. Nur (mit-) erlebte Stammesgeschichten, Metaerzählungen oder Alterskohortengeschichten, die in der eigenen Erzählung verankert sind, werden überindividuell als »vernünftig« akzeptiert.

b) ExpertInnenherrschaft oder subjektive Aneignung der Welt

System- und Lebenswelt lösen sich im Zeitverlauf weiter voneinander. Die Systemwelt ist immer komplexer geworden und enteignet in der Folge Individuen um viele ihrer Fertigkeiten und Fähigkeiten. Politik und gesellschaftliche Opinionleader versuchen über das Zitieren alter Metaerzählungen, (altes) Gemeinsames am Leben zu erhalten. Politisches Wirken ist auf Symbole angewiesen. Diese Symbolik findet sich in identitätsstiftenden Metaerzählungen, im Widerstand gegen diese (z.B. als soziale Bewegung) oder gemeinsame Symbole verschwinden in der Folge von Individualisierung.

c) Politisches und Soziales als Kriterium für Veränderung

Politik wird »von denen da in Berlin oder sonstwo« gemacht. Soziale Bewegungen waren oder sind der Versuch mit kollektivem Protest, nicht in der »großen Politik« behandelten Themen – also aus dieser Sicht staatlichen Defiziten – einen Ort zu verschaffen. Das »Leitbild des mündigen Bürgers«, also Dreh- und Angelpunkt der eigenen Biographie zu sein, ließ nach der Hochzeit der sozialen Bewegungen gesellschaftliche Problemstellungen zu individuellen werden. Unzufriedenheitspotential oder Glaubwürdigkeitslücken gegenüber staatlicher Politik, die einer kollektiv anderen Politikbearbeitung bedürften, gibt es dennoch. Überindividuelles Betroffenheitspotential kann sich, wenn eine gemeinsame Metaerzählung außerhalb von Parlamenten entsteht, jederzeit entwickeln.

d) Wirksamkeit von Herrschaft in Form symbolischer Zeichen

Symbolische Gewalt wird in Form von meist unbewusster Zeichensprache virulent und besitzt einen »heimlich-normierenden« Charakter. Einerseits fühlen sich Menschen wohl, wenn sie im Alltag ihre über den Prozess der Sozialisation angeeignete Symbolik (meist unbewusst) vorfinden; andererseits dient diese auch als Unterscheidung zur Ab- oder Ausgrenzung.

[a]_Gerechtigkeit_und_gleichzeitige_Ungleichzeitigkeit.pdf
[b]_ExpertInnenherrschaft.pdf
[c]_Politisches-Soziales-Veränderung.pdf
[d]_Symbolische_Zeichen.pdf

Aufgabe: Exzerpte und verknüpfende Thesen

- Lesen Sie alle Texte
- Exzerpieren Sie alle Texte. Umfang pro Exzerpt: eine DIN A4-Seite.
- Erstellen Sie vier Thesen zu den im vorherigen Block (11.12.09) bearbeiteten Texten, indem Sie deren Aussagen mit denen der für den 22.1.10 durchzuarbeitenden Texte in Beziehung setzen.

Neuvermessung von Generation_

»Generation« ist nach der Bearbeitung der Bausteine 1-10 dekonstruiert und gleichzeitig konstruiert. Reicht aber diese Leistung, um »Generation« tatsächlich bestimmen zu können? Eine abschließende Debatte soll das klären.

Marcel Reich-Ranicki beendete die Sendungen des »Literarischen Quartetts« (ZDF) mit einem Zitat von Bertholt Brecht. Ich erlaube mir, dieses auch als Motto für die Abschlussdebatte zu nehmen:

»Und so sehen wir betroffen / Den Vorhang zu und alle Fragen offen.«

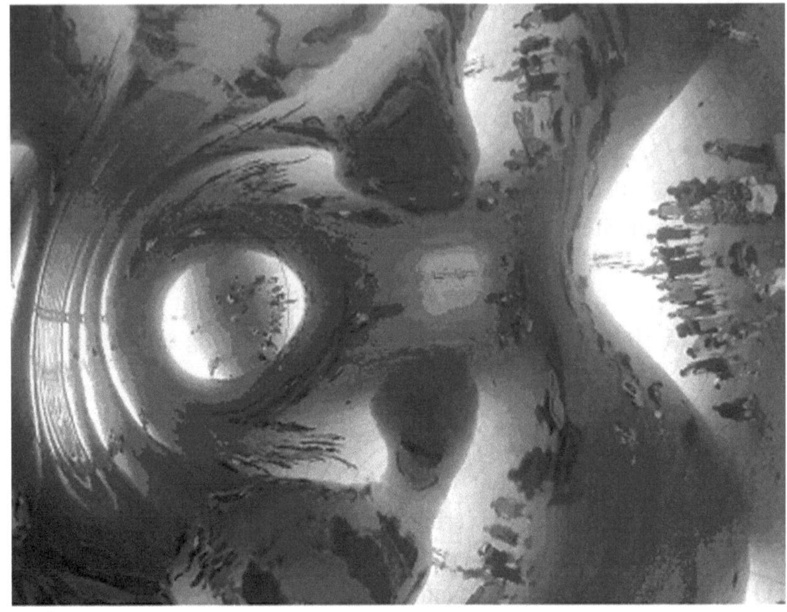

Foto: Cornelia Roser

Hinweis: Dieses Thema wird im Seminar gemeinsam besprochen und bearbeitet, deshalb gibt es hier keine schriftlich formulierte Aufgabe.

Literaturliste

Andersch, Alfred (²1954): Die Kirschen der Freiheit, Stuttgart

Balz, Hans-Jürgen (1999): Tausch und Gerechtigkeitsempfinden, in: Finkeldey, Lutz (Hg.): Tausch statt Kaufrausch, Bochum, S. 71-93

Beck, Ulrich (1986): Risikogesellschaft, Frankfurt/Main

Beck, Ulrich (2007): Weltrisikogesellschaft, Frankfurt/Main

Behnken, Imke/Zinnecker, Jürgen (2001): Die Lebensgeschichte der Kinder und die Kindheit in der Lebensgeschichte, in: dies. (Hg.): Kinder – Kindheit – Lebensgeschichte, Seelze-Velber, S. 16-32

Birg, Herwig (2000): Perspektiven der Bevölkerungsentwicklung in Deutschland und Europa – Konsequenzen für die Sozialen Sicherungssysteme (Vortrag bei der Sachverständigenanhörung des Bundesverfassungsgerichts in Karlsruhe – www.herwig-birg.de/downloads/dokumente/BVerfG.pdf, 26.11.2007, 8.00h)

Bloch, Ernst (1973): Erbschaft dieser Zeit, Frankfurt/Main

Bosbach, Gerd (2003): Die modernen Kaffeesatzleser (www. fr-aktuell.de/ressorts/nachrichten_und_politik/dokumentation/Die modernen Kaffeesatzleser.html, 26.11.2007, 7.40h)

Bourdieu, Pierre (2001): Wie die Kultur zum Bauern kommt. Über Bildung, Schule und Politik, Hamburg

Bourdieu, Pierre et al (1997/2002) : Das Elend der Welt. Zeugnisse und Diagnosen alltäglichen Leidens an der Gesellschaft, Konstanz

Bucher, Anton A. (2001): »Die Kinder sind nicht mehr so glücklich wie wir«, in: Behnken, Imke/Zinnecker, Jürgen (2001): Kinder – Kindheit – Lebensgeschichte, Seelze-Velber, S. 33-46

Burmeister, Kai/Böhning, Björn (Hg.)(2004): Generation & Gerechtigkeit, Hamburg

Butterwegge, Christoph et al (2003): Armut und Kindheit. Ein regionaler, nationaler und internationaler Vergleich, Opladen

Butterwegge, Christoph (o.J.): Demografie als Ideologie und Mittel sozialpolitischer Demagogie (o.O.), Ms.

Degenhardt, Franz Josef (1965): Spiel nicht mit den Schmuddelkindern (Chanson)

Elias, Norbert (1977): Über den Prozess der Zivilisation, 2 Bände, Frankfurt/M.

Fallazadeh, Behrad (2007): Die Folgen der Vernetzung für Identität und Politik, in: Friedrich-Ebert-Stiftung (Hg.): Open Space – Internet ohne Grenzen, Neue Gesellschaft – Frankfurter Hefte 7+8/2007, S. 64-67

Feuchtwanger, Lion (1986): Das Haus der Desdemona oder Größe und Grenzen der historischen Dichtung, Frankfurt/Main

Finkeldey, Lutz (2007): Verstehen. Soziologische Grundlagen zur Jugendberufshilfe, Wiesbaden

Finkeldey, Lutz (2002): Jugend im Hexenkessel, Bochum

Finkeldey, Lutz (Hg.) (1999): Tausch statt Kaufrausch, Bochum

Finkeldey, Lutz (1992): Armut, Arbeitslosigkeit, Selbsthilfe, Bochum

focus online (2009): www.focus.de/suche/Geburtenrate, Politik, Montag, 16.02.2009

Forst, Rainer (2007): Das Recht auf Rechtfertigung. Elemente einer konstruktivistischen Theorie der Gerechtigkeit, Frankfurt/Main

Frankfurter Allgemeine Sonntagszeitung, »Kurz und bündig«, S. C4, 3./4.5.2006

Friedrichs, Jürgen (1973): Methoden empirischer Sozialforschung, Reinbek bei Hamburg

Fuhrmann, Manfred (2002): Bildung. Europas kulturelle Identität, Stuttgart

Geiling, Heiko (2005): Zur Theorie und Methode einer Stadtteilanalyse (www.stadtteilarbeit.de/seiten/Theorie/Geiling/Stadtteilanalyse.htm, 15.9.2008, 17.21)

Grundmann, Matthias (2006): Sozialisation, Konstanz

Gürtler, Detlef (2007): Gerontokratie? Nichts da! Bald kommt der Baby-Boom (www.11d/mit-offenen-augen/pdf/bwhwprognosen.pdf, 26.11.2007, 7.45h)

Hahlen, Johann (Hrsg.: Statistisches Bundesamt) (2003): Bevölkerungsentwicklung Deutschlands bis zum Jahr 2050, Statement, Pressemitteilung vom 6. Juni 2003

Hentig, Hartmut v. (2005): Wissenschaft. Eine Kritik, Weinheim/Basel

Hentig Hartmut v. (2002): Der technischen Zivilisation gewachsen bleiben. Nachdenken über die neuen Medien und das gar nicht mehr allmähliche Verschwinden der Wirklichkeit, Weinheim/Basel

Hock, Beate/Holz, Gerda (Hg.) (2000): »Erfolg oder Scheitern? Arme und benachteiligte Jugendliche auf dem Weg ins Berufsleben«. Fünfter Zwischenbericht zu einer Studie im Auftrag des Bundesverbands der Arbeiterwohlfahrt, Frankfurt/Main

Holdt, Jakob (2007): United States 1970 – 1975 (Photobuch), Göttingen

Holm, Karin (1996): Neue Methoden der Armutsarbeit – dargestellt am Beispiel der Straßenkinder und arbeitenden Kinder, in: Holm, Karin/Dewes, Jürgen (Hg.): Neue Methoden in der Arbeit mit Armen. Am Beispiel der Straßenkinder und arbeitende Kinder, Frankfurt/Main, S. 11-45

Illich, Ivan (1983): Fortschrittsmythen, Reinbek bei Hamburg

Illies, Florian (^{6}2000): Generation Golf. Eine Inspektion, Berlin

Jahoda, Marie (1984): Braucht der Mensch die Arbeit?, in: Niess, Frank (Hg.): Leben wir um zu arbeiten? Die Arbeitswelt im Umbruch, Köln, S. 11-17

Jaretzky, Reinhold (1984): Lion Feuchtwanger, Reinbek bei Hamburg

Keller, Carsten (2008): Symbolische Macht im städtischen Raum, in: Schmidt, Robert/Woltersdorff, Volker (Hg.): Symbolische Gewalt. Herrschaftsanalyse nach Pierre Bourdieu, Konstanz, S. 269-287

Keupp, Heiner et al. (^{3}2006): Identitätskonstruktionen, Das Patchwork der Identitäten in der Moderne, Reinbek bei Hamburg

Klundt, Michael (2004): Soziale Spaltung im Jugendalter. Folge eines Mangels an Gerechtigkeit zwischen oder innerhalb der Generationen, in: Burmeister, Kai/Böhning, Björn (Hg.)(2004): Generation & Gerechtigkeit, Hamburg, S. 130-148

Krais, Beate (2008): Zur Funktionsweise von Herrschaft in der Moderne: Soziale Ordnungen, symbolische Gewalt, gesellschaftliche Kontrolle, in: Schmidt, Robert/Woltersdorff, Volker (Hg.): Symbolische Gewalt. Herrschaftsanalyse nach Pierre Bourdieu, Konstanz, S. 45-58

Münchmeier, Richard (2001): Strukturwandel der Jugendphase, in: Fülbier, Paul/Münchmeier, Richard: Handbuch Jugendsozialarbeit, Münster, Bd. 1, S. 101-113

egt, Oskar (1997): Kindheit und Schule in einer Welt der Umbrüche, Göttingen

Negt, Oskar/Kluge, Alexander (1992): Maßverhältnisse des Politischen. 15 Vorschläge zum Unterscheidungsvermögen, Frankfurt/Main

Oerter, Rolf (^{2}1998): Psychologische Aspekte: Können Jugendliche politisch mitentscheiden?, in: Palentien, Christian/Hurrelmann, Klaus (Hg.): Jugend und Politik. Ein Handbuch für Forschung, Lehre und Praxis, Neuwied/Kriftel/Berlin, S. 32-46

Postman, Neil (1995): Keine Götter mehr. Das Ende der Erziehung; Berlin

Raschke, Joachim (1985): Soziale Bewegungen. Ein historisch-systematischer Grundriss, Frankfurt/Main

Rosa, Hartmut (2006): Beschleunigung. Die Veränderung der Zeitstruktur in der Moderne, Frankfurt/Main

Schelsky, Helmut (1963): Die skeptische Generation. Eine Soziologie der deutschen Jugend, Düssemdorf/Köln

Staub-Bernasconi, Silvia (2003): Soziale Arbeit als (eine) Menschenrechtsprofession, in: Sorg, Richard (Hg.): Soziale Arbeit zwischen Politik und Wissenschaft, Münster/Hamburg/London, S. 17-54

Shell Deutschland (Konzeption: Hurrelmann, Klaus et al) (2006): 15. Shell Jugendstudie, Hamburg

Shell Deutschland (Konzeption: Hurrelmann, Klaus et al) (2002): 14. Shell Jugendstudie, Hamburg

Vester, Michael/Oertzen, Peter v./Geiling, Heiko (2001): Soziale Milieus im gesellschaftlichen Strukturwandel, Frankfurt/Main

Watzlawik, Paul (1988): Anleitung zum Unglücklichsein, München

Weber, Max (1973): Objektivität sozialwissenschaftlicher Erkenntnis, in: Weber, Max: Soziologie. Universalgeschichtliche Analysen. Politik, Stuttgart, S. 186-262

Abbildungsnachweis

Bei allen Abbildungen sind die AutorInnen bzw. Quellen benannt, wenn sie nicht von mir, Lutz Finkeldey, stammen.